O MINIMO PARA VOCE SE SENTIR O MAXIMO

PEQUENO GUIA DOS ALIMENTOS

SONIA HIRSCH

secos, molhados & salvos 7

radicais livres? deus me livre! 23

muito prazer: comida 37

buffet 161

índices 177

CARDAPIO

ENTRE SECOS & MOLHADOS

SEREMOS SALVOS

Há muitos e muitos anos, quando Esaú vendeu seus direitos de primogênito a Jacó por um prato de lentilhas, um prato de lentilhas era só isso: um prato de lentilhas. Por mais cheirosas, apetitosas, atraentes e realmente deliciosas que fossem, ninguém gastaria cinco minutos pensando nelas ou investigando sua natureza. Aliás bem sabida — lentilhas são grãos redondos e achatadinhos, marrons, cinzentos, amarelos ou avermelhados, que brotam com facilidade, conservam-se por muito tempo e atraem rapazes famintos, como a própria história de Esaú e Jacó não cansa de demonstrar.

Hoje, um prato de lentilhas se lê assim:

200 GRAMAS DE LENTILHA =

230 calorias

18 gramas de proteína

40 gramas de carboidratos

10 gramas de fibra

0.75 gramas de gordura

ZERO DE COLESTEROL!

2 retinol equivalentes

0.34 miligramas de vitamina b1

0.15 miligramas de b2

2.0 miligramas de b3

0.36 miligramas de b6

360 microgramas de folacina

1.30 miligramas de ácido pantotênico

nada de b12, é claro

3 insignificantes miligramas de vitamina c

1.2 miligramas de vitamina e

38 miligramas de cálcio

72 miligramas de magnésio

360 miligramas de fósforo

7.0 miligramas de ferro **(isso talvez explique tudo)**

4.0 miligramas de sódio

750 miligramas de potássio

0.5 miligramas de cobre

6.7 microgramas de selênio

2.60 miligramas de zinco

70% de água...

Entendeu, leitor querido? Acabou aquela história de comer lentilhas só porque está com fome, ou porque ficou com água na boca, ou porque era o que tinha ali na hora, ou porque foi Jacó quem fez: estamos na era do Nutricionalmente Correto, e um prato de lentilhas é *NC* porque supre 70% do ferro de que precisamos todo dia, 30% da proteína, 40% das fibras, tem folacina sobrando e não engorda!

Quanto pior a qualidade do ar, da água e do ambiente, melhor tem que ser a comida. Garantindo a boa qualidade do sangue, ela é que fortalece as células do corpo contra as agressões do ar, da água, do ambiente; ativa os processos de eliminação e evita que as toxinas nos massacrem — todas: agrícolas, sólidas, líquidas, aéreas, venéreas, radiativas, emocionais, financeiras. Só que em geral acontece o contrário: quem vive no meio da poluição costuma se alimentar poluidamente, engolindo qualquer coisa de qualquer jeito, se expondo a todo tipo de doença.

O caso é sério. Nunca se investiu tanto em pesquisa nutricional como agora. Muito do que naturalistas, vegetarianos e macrobióticos divulgam há décadas acabou sendo comprovado pela ciência, que vem por aí pedindo pelo amor de Deus para as pessoas comerem melhor. Como? Aumentando seu consumo de cereais integrais, vegetais, frutas e carne branca, diminuindo o consumo de refinados, açúcar, sal, gordura, carne vermelha. Por quê? Porque doença pode dar lucro a fábricas de remédios, farmácias, médicos e hospitais, mas dá o maior prejuízo à sociedade — já que o doente não leva vida normal, não produz, não cria, não consome, não faz turismo, não aplica em poupança. Se morre, então, pior ainda, é patrimônio sócio-econômico-cultural perdido para todo o sempre. Além do mais, melhor prevenir do que remediar. Alimentação eficiente é medicina preventiva grátis.

Daí que, somando tudo e tirando os noves fora, chegou-se a um novo modelo de orientação alimentar: A Pirâmide. Túmulo de faraós, símbolo místico, forma perfeita, ela agora serve à nobre causa de organizar a voracidade humana. Chega e diz: coma tanto disto, tanto daquilo e tanto daquilo-outro que tudo vai dar certo. Mas como assim?, dirá você, Com que autoridade? Baseada em experiência científica, ora. Coisa que se comprova, se repete em laboratório, se questiona exaustivamente, o que não quer dizer que de vez em quando não saia uma besteira, mas ciência é ciência. Por isso vamos por partes, como diziam Jack e Descartes. À Pirâmide!

Ç

G

DU

FEI

SEM

Z

FR

VEG

CEREAL

A

AR

OR

RA

ÃO

NTE

OO

UTA

ETAL

PÃO

MASSA

CEREAL PÃO MASSA

o salão está cheio de cereais, pães e massas

Que devem ser consumidos em maior quantidade. É o grupo mais rico em carboidratos complexos e fibras, com porções importantes de vitaminas, minerais e proteína. São alimentos energéticos, de pouca gordura, muito nutritivos quando integrais e engordativos quando refinados

quanto comer por dia? 6 a 11 porções

para emagrecer *Coma 6 porções deste grupo*
para engordar *Coma até 11 porções*

uma porção é...
cereais cozidos: 1/2 xícara (arroz, trigo, milho, aveia, cevada, painço, trigo-sarraceno)
cereais matinais, granola: 30 gramas ■ macarrão: 1/2 xícara
pão: 1 fatia de 30 g (integral) ou 1 pãozinho francês

por exemplo...
2 fatias de pão integral + 1 xícara de arroz + 30 g de granola + 1/2 xícara de macarrão = 6 porções

FRUTA VEGETAL

vegetais e frutas estão no segundo andar

Com sua profusão de cores, formas, sabores e texturas, eles fornecem vitaminas e minerais em abundância, além de carboidratos e fibras

quanto comer por dia? 3 a 5 porções de vegetais, 2 a 4 porções de frutas

para emagrecer *Coma 3 porções de vegetais e 2 de frutas*
para engordar *Coma 5 porções de vegetais e 4 de frutas*

uma porção é...
vegetais crus: 1 xícara ■ crus ralados: 1/2 xícara ■ cozidos: 1/2 xícara
sumo de vegetais ou frutas: 1 xícara ■ fruta fresca: uma
fruta picada: 1/2 xícara ■ cozida: 1/2 xícara ■ seca: 30 g

por exemplo...
1 xícara de alface picado + 1/2 xícara de cenoura ralada + 1/2 xícara de abobrinha cozida = 3 porções
1 fatia de melão + 1 xícara de suco = 2 porções

no terceiro andar fica o zoológico

Do lado de cá está representada esta senhora vaca, nossa tia, que nos dá leite, queijo, iogurte e outros produtos de suas secreções mamárias; do outro lado saltam carnes, peixes, aves, ovos, e muitos grãozinhos de comida concentrada — feijão, fava, ervilha, grão-de-bico, amendoim, castanhas, nozes, sementes, lentilhas!! Estamos no campo da proteína e do ferro, junto com bastante vitamina, minerais e gordura

quanto comer por dia? 2 a 3 porções de cada grupo

para emagrecer *Coma 2 porções de cada grupo*
para engordar *Coma 3 porções de cada grupo*
(mas se você for alérgico, evite os laticínios)

uma porção é...
leite ou iogurte: 1 copo ■ queijo fresco: 45 g ■ queijo processado: 60 g
carne, peixe ou ave: 60 a 90 g (tamanho médio: meio peito de galinha)
ovo: um ■ feijões cozidos: 1/2 xícara ■ nozes, castanhas, sementes: 30 gramas
manteiga de qualquer semente: 6 colheres (mas cuidado, é muito forte)

por exemplo...
1 xícara de leite ou iogurte + 30 g de sementes = 2 porções
100 g de carne, ave ou peixe + 1/2 xícara de feijão = 2 porções

no sótão há gorduras e açúcar

Queridos inimigos alojados no âmago do nosso prazer: calorias, nada mais

quanto comer por dia? O mínimo possível

para emagrecer *Nada*
para engordar *1 a 3 porções*

uma porção é...
gordura: 1 colher de sopa ■ açúcar: 2 colheres de chá

por exemplo...
Beber socialmente, comer doces sem compulsão, evitar frituras, adicionar pouca gordura aos alimentos e ser feliz apesar disso!

check up

Esta é uma forma prática de você ficar de olho na dieta. Tire cópias deste check up e anote a cada dia quantas porções você comeu de cada tipo de alimento, e quantas calorias obteve

cereais cozidos *porção = 1/2 xícara* ______________________
(arroz, trigo, milho, aveia, cevada, painço, trigo-sarraceno)
cereais matinais/granola *porção = 30 gramas* ______________________
macarrão *porção = 1/2 xícara* ______________________
pão *porção = 1 fatia* ______________________
total *recomendado: 6 a 11 porções* ______________________

vegetais crus picados *porção = 1 xícara* ______________________
vegetais crus ralados *porção = 1/2 xícara* ______________________
vegetais cozidos *porção = 1/2 xícara* ______________________
sumo de vegetais *porção = 3/4 xícara* ______________________
fruta fresca *porção = 1 fruta média* ______________________
fruta picada *porção = 1/2 xícara* ______________________
fruta cozida *porção = 1/2 xícara* ______________________
total *recomendado: 5 a 9 porções* ______________________

leite ou iogurte *porção = 1 copo* ______________________
queijo fresco *porção = 45 g* ______________________
queijo processado *porção = 60 g* ______________________
carne, peixe ou ave *porção = 60 a 90 g* ______________________
(tamanho médio: 1/2 peito de galinha)
ovo *porção = 1 unidade* ______________________
feijões cozidos *porção = 1/2 xícara* ______________________
nozes, castanhas, sementes *porção = 30 gramas* ______________________
manteiga de sementes *1/2 porção = 3 colheres de sopa* ______________________
total *recomendado: 4 a 6 porções* ______________________

gorduras *porção = 1 colher de sopa* ______________________
(manteiga, óleo, maionese, creme de leite, fritura, sorvete cremoso)
total *recomendado: 0 a 3 porções*

açúcar *porção = 2 colheres de chá* ______________________
(doces, guloseimas, bebidas, cafezinho)
total *recomendado: 0* ______________________

atitudes nutricionalmente corretas

segundo o Human Nutrition Information Service
e o National Cancer Institute dos EUA

coma bastante variedade Assim você garante energia, proteína, vitaminas, minerais, fibras e gordura suficientes para uma boa saúde

grãos, vegetais e frutas Com fartura: eles têm pouca gordura e fornecem a maior parte dos nutrientes de que você precisa

vegetais frescos todo dia Principalmente cenoura, nabo, abóbora, batata-doce, couve, repolho, espinafre, agrião e outros verdes

prefira as frutas inteiras Elas têm mais fibras que os sucos, e mastigar a fruta facilita a assimilação de todos os nutrientes

procure fibras Em cereais integrais cozidos ou em flocos, triguilho, frutas cruas e vegetais com casca, feijões em geral

experimente pães integrais De trigo, centeio, aveia, milho, bolinhos de fibra, mingau de grãos. Faça panquecas e waffles com farinha integral

varie os feijões Sempre deixando de molho na véspera de cozinhar

evite gorduras e colesterol É a melhor prevenção contra aumento de peso, ataque cardíaco e certos tipos de câncer

não frite as carnes Procure assar, cozinhar ou grelhar. Antes de temperar, retire a gordura e a pele de aves e carnes. Coma mais peixe

reduza os churrascos E os assados na brasa: a fumaça que impregna as carnes é cancerígena

use menos margarina E menos manteiga, óleo, banha. Prefira leite desnatado, se é que você toma leite

prestigie as vitaminas a e c Coma laranja, grapefruit, pêssego, morango, melão, couve, espinafre, agrião, brócolis, repolho, batata-doce, cenoura

tempere os vegetais com ervas, especiarias e gotas de limão em vez de molhos industrializados

use açúcar com moderação *Uma dieta rica em açúcar tem calorias demais e nutrientes de menos, engorda sem nutrir, afeta os dentes e está ligada a vários tipos de doenças*

use sal com moderação *Você reduz seu risco de pressão alta*

beba pouco álcool *Bebidas alcoólicas fornecem calorias, mas não nutrientes; beber engorda e causa mil outros problemas, como você já sabe*

mantenha o peso adequado: *isto reduz suas chances de ter pressão alta, doença cardíaca, derrame, diabete, certos tipos de câncer e outras encrencas sérias*

seu peso é normal?

	homem	**mulher**
altura	*peso*	*peso*
1.45 m		*42 a 53 k*
1.48		*42 a 54*
1.50		*43 a 55*
1.52		*44 a 57*
1.54		*44 a 58*
1.56		*45 a 58*
1.58	*51 a 64 k*	*46 a 59*
1.60	*52 a 65*	*48 a 61*
1.62	*53 a 66*	*49 a 62*
1.64	*54 a 67*	*50 a 64*
1.66	*55 a 69*	*51 a 65*
1.68	*56 a 71*	*52 a 66*
1.70	*58 a 73*	*53 a 67*
1.72	*59 a 74*	*55 a 68*
1.74	*60 a 75*	*56 a 70*
1.76	*62 a 67*	*58 a 72*
1.78	*64 a 79*	*59 a 74*
1.80	*65 a 80*	
1.82	*66 a 82*	
1.84	*67 a 84*	
1.86	*69 a 86*	
1.88	*71 a 88*	
1.90	*73 a 90*	
1.92	*75 a 93*	

da culinária

seus vegetais podem ficar horríveis ou deliciosos, depende do jeito de preparar. Há quem cozinhe rodelinhas de cenoura num caldeirão de água, e elas perdem totalmente o sabor; por isso precisam ser passadas na manteiga... Há quem ponha massa de tomate, caldo de carne e tempero pronto para refogar a inocente abobrinha, mascarando um sabor suave que pode contrastar tão bem com pratos mais condimentados. Procure conhecer cada vegetal na forma mais natural possível antes de imaginar temperos

cozinhe os vegetais no vapor de uma cuscuzeira, ou com pouca água, só até ficarem crocantes. Assim as vitaminas, os minerais, o sabor e a forma serão mais preservados

descubra as ervas Frescas na feira e secas do supermercado, são maravilhosas para temperar a comida. Você vai ver que manjericão combina com abóbora, orégano com qualquer batata, tomilho com omelete, sálvia com macarrão, alecrim com frango e assim por diante. O uso das ervas sofistica a comida e a deixa mais nutritiva

cozinhe as folhas verdes só até ficarem brilhantemente verdes: se passarem do ponto ficam marrons e a clorofila se perde. A vitamina C também é preservada num cozimento rápido. Há pelo menos cinco maneiras ótimas de preparar folhas: no vapor da cuscuzeira, aferventando por 3 minutos, escaldando no escorredor de macarrão, refogando, acrescentando à sopa 2 minutos antes de apagar o fogo

quando refogar vegetais use pouca gordura Na verdade ele só serve para dar um gostinho, pois o que cozinha mesmo é o calor. Experimente refogar em água com um tico de sal e alho

aproveite os talos de agrião, salsa e coentro Que são tão gostosos quanto as folhas e mais ricos em fibras. Se forem muito grossos, pique e cozinhe no vapor, ou junte à sopa e ao refogado. O mesmo vale para brócolis e couve-flor, cujas folhas são a parte de maior valor nutritivo

Não rale nem corte antes os vegetais crus da salada Eles oxidam. corte e rale na hora de servir, ou sirva inteiros. Se não houver outro jeito, ralelcorte e tempere logo com azeite e sal, que modificam os vegetais sem reduzir seu valor

tempere os vegetais com pouca ou nenhuma gordura Azeite de oliva com shoyu e limão, coalhada com alho e hortelã, suco de laranja com shoyu, misso dissolvido em água

azeite de oliva faz bem E rança menos que outros óleos. Você pode consumir até duas colheres de sopa todos os dias, de preferência cru. O melhor azeite é o extravirgem, processado a frio. Um fiozinho de azeite sobre vegetais crus ou cozidos dá um sabor maravilhoso

de comida & câncer

Afinal, existe alguma relação oficialmente reconhecida entre comida e câncer? Existe. Segundo os cautelosíssimos especialistas da comunidade científica internacional, pelo menos 35% das mortes causadas pelo câncer podem ser ligadas a hábitos alimentares. Muitos outros fatores contribuem para a doença, como stress, poluição, radiação, ansiedade com relação ao futuro, frustração, divórcio, perda de entes queridos; mas é importante notar que, em pessoas bem alimentadas, o efeito desses fatores é menor. Má notícia: não há qualquer evidência de que se possa impedir o câncer através de megadoses de vitaminas. Boa notícia: há muitas evidências de que bons cuidados alimentares ajudam a evitar o câncer.

Gordura e fibra estão em cena o tempo todo: gordura como vilã, fibra como mocinha. Micronutrientes de ação antioxidante são os fiéis escudeiros da mocinha, enquanto corantes, preservativos e outros aditivos químicos formam a gangue da vilã. Um grupo de risco certo: os obesos. Mulheres e homens pesando 40% mais que seu peso ideal mostram um risco de 35 a 55% maior de morrer de câncer. Outro fator de risco: vida sedentária.

O que vai a seguir é um apanhado das evidências publicadas em 1991 no livro Diet and Health pela National Academy of Sciences, a grande instituição científica norte-americana.

o que protege

vegetais e fibras *Dietas ricas em cereais, leguminosas, hortaliças e frutas, portanto ricas também em micronutrientes, antioxidantes e fibras, estão ligadas a menor ocorrência de câncer de pulmão, intestino, esôfago e estômago. As crucíferas, especialmente brócolis, repolho e couve-de-bruxelas, contêm ainda indol e sulfoafano, que podem neutralizar agentes carcinogênicos*

carotenóides *Dietas ricas em vegetais amarelos, que contêm betacaroteno e outros carotenóides, parecem proteger de câncer no pulmão*

vitamina c *Frutas cítricas e vegetais contendo vitamina C estão ligados à proteção contra câncer de estômago*

selênio *Portadores de vários tipos de câncer apresentam baixo índice de selênio no sangue. Suplementos de selênio, que é antioxidante, parecem oferecer proteção, mas em doses altas podem ser tóxicos*

colina e metionina *Ambas contêm enxofre, que é desintoxicante. Pessoas com câncer de fígado costumam ter carência de enxofre*

o que desgasta

gordura *Alto consumo de gordura aumenta o risco de câncer, especialmente de cólon, seio e próstata. Se você pensar que a gordura é a fada-madrinha dos radicais livres, e que eles produzem lesões irreversíveis nas membranas das células, já está na sintonia certa*

carne *Dietas ricas em carne, portanto cheias de gordura animal, e pobres em vegetais e frutas, estão fortemente associados a câncer de cólon e de seio*

álcool *O consumo regular de bebidas alcoólicas aumenta o risco de câncer de boca, faringe, esôfago e laringe, fígado e reto*

açúcar *Vários estudos apontam a relação entre alto consumo de açúcar e câncer de cólon, reto, seio, ovário, útero, rins, próstata, pâncreas e testículos. Inversamente relacionado, entretanto, ao câncer de fígado*

sal *Alto consumo de sal pode irritar e danificar a barreira mucosa gástrica, favorecendo o início do tumor. O câncer de estômago está ligado a dietas contendo grande quantidade de conservas e alimentos salgados e defumados, que geralmente também contêm nitritos*

alimentos sem fibras *Favorecem a prisão de ventre, que aumenta a absorção de toxinas pelo sangue e predispõe ao câncer de cólon*

RADICAIS LIVRES?

DEUS ME LIVRE!

Todo dia ela faz tudo sempre igual: acorda num mundo cheio de fumaça, lixo e poeira radiativa, respira fundo e vai em frente. Sabe que a vida na cidade intoxica, agride suas células e afeta seus sistemas à medida que a polui por dentro, mas aprende a agüentar essa idéia assim como aprendeu a comprar a crédito, comer em pé, dirigir no trânsito e temer assaltos (ou aids). Vive ansiosa. Estressada. E vai armazenando radicais livres.

Os radicais livres sempre existiram, são mero subproduto de qualquer oxidação. No ferro, ferrugem. Na maçã cortada, a parte que escurece. No limão guardado, o gostinho amargo. Em manteiga, castanhas e nozes velhas, o ranço. Dentro de nós, radicais livres são resíduo da respiração celular e da transformação de comida em energia: "queimar" calorias quer dizer justamente oxidar carboidratos e gordura. Até aí tudo bem, porque o corpo, com sua habitual eficiência, utiliza agentes antioxidantes para neutralizar os radicais livres.

O problema é que comidas gordurosas, perturbações emocionais, crises de raiva, medo ou preocupação, stress, lesões e traumas físicos, infecções bacterianas, radiografias, calor em excesso, sol forte e mil outras coisinhas também provocam oxidação. Sem querer, sem perceber e sem poder evitar, absorvemos e criamos diariamente substâncias que aumentam a taxa de oxidação, fazendo circular radicais livres que agridem as células e predispõem ao desastre bioquímico que chamamos doença.

Quando há radicais livres demais e antioxidantes de menos as células passam a sofrer lesões encadeadas, primeiro em suas membranas, depois no interior e finalmente no núcleo, onde o próprio código que mantém o padrão celular é atingido. E atualmente quase todo mundo tem radicais livres demais, por isso virou moda tomar suplementos de vitaminas e minerais que possam neutralizá-los — betacaroteno, vitamina C com bioflavonóides, vitamina E, selênio, lecitina e muitos outros. O desejo de proteger a saúde é tanto que até as lojas de produtos naturais reservam suas melhores estantes para os vidrinhos.

Só que ninguém precisa depender de cápsulas para obter proteção, porque vários alimentos cumprem essa função muito bem. Tanto por serem ricos em antioxidantes quanto porque ao se alimentar deles você não estará comendo bobagens oxidativas... E este é o pulo do gato, calculado, certeiro: não basta a ciência descobrir as coisas, é preciso aprender a fazer uso delas. Até mesmo para compensar as deliciosas, irresistíveis, imprevisíveis e inevitáveis bobagens oxidativas. Vai de batata frita? Se tomar também um suco de laranja, ou uma limonada, ou comer uma cenoura, ou uma rodela de abacaxi, a vitamina C que eles contêm vai minimizar a onda de radicais livres que se desencadeia a partir daquela gordurinha safada (não é à toa que nossos avós já espremiam um limão nas carnes para cortar a gordura). Há inúmeras combinações possíveis entre alimentos que dão prazer. E quando a comida fica mais esperta, quem sai ganhando é você.

O truque é que não há truque: basta olhar o que põe na boca, dar importância à informação. Porque todo mundo gosta ao menos um pouquinho do que não presta, do que é forte, do que dá barato e do que é gostoso, e nem por isso tem que acabar gordo, doente, entupido, deprimido e pendurado no bico dos urubus.

o que produz radicais livres e toxinas

gordura Fritura, manteiga e óleo rançosos e/ou reutilizados para fritar. Maionese, temperos e molhos que contêm óleo. Carnes gordas de boi, porco ou ave. Pele e gordura de frango. Queijos gordurosos, creme de leite, chantilly, sorvete. As moléculas de gordura são mais sensíveis e se alteram com facilidade

aditivos químicos em excesso Em comidas, bebidas e principalmente carnes industrializadas, embutidas, enlatadas, salgadas, conservadas, defumadas: causam poluição química interna

farináceos em excesso Pão, biscoito, produtos de padaria, pastéis, empadas, empadão, pizza: as farinhas são menos nutritivas que os grãos, oxidam poucas horas após a moagem, contaminam-se com facilidade, fermentam no estômago e pioram junto com gordura. As farinhas integrais contêm fibras

bebidas viciantes em excesso Álcool, café, refrigerantes, refrescos de sabor artificial: o álcool é grande fonte de radicais livres, o café tem gordura e ranço, os refrigerantes e refrescos artificiais são produtos químicos coloridos e flavorizados

doces em excesso Balas, bombons, caramelo, chocolate, sobremesa, café doce, sorvete, tortas cremosas, coberturas para bolo ou sorvete, gelatina, bebidas lácteas, refrigerantes: todos eles elevam muito a taxa de oxidação

beliscos freqüentes Nozes, castanhas e sementes têm gordura. Quando rançosas, deixam um gostinho azedo e amargo no fundo da garganta: é o sabor dos radicais livres. Os amendoins, além de rançarem com facilidade, são muito sujeitos a contaminação por aflatoxina

agrotóxicos demais em vegetais e frutas Só Deus sabe quais e quantos; use seu nariz para ver se percebe alguma coisa. Na feira, algumas barraquinhas se denunciam pelo cheiro. Figos, morangos, pêssegos e outras frutas frágeis são agraciados com doses maiores de pesticida. O tomate é famoso por levar até 50 pulverizações durante sua vidinha rural. Melhor opção: descascar

os privilegiados alimentos nutritivos, desintoxicantes & antioxidantes

Do grande universo de alimentos bons, alguns são especiais. Arroz, por exemplo. Cenoura. Lentilhas! Assim como certas ervas têm poder medicinal, os alimentos marcados com ★ neste capítulo e nas tabelas têm o poder de proteger e renovar as células, dando uma qualidade extra ao nosso cotidiano. Por muitas razões, como se verá. E a um custo realmente barato: um maço de brócolis, essa flor gostosa que nutre e desintoxica, custa menos que um refrigerante. Um maço de couve, então, é de graça. E quem diz que não gosta de vegetais é porque nunca os comeu bem feitos, não teve essa sorte ainda...

cereais ★ Arroz, aveia, cevada, cevada perolada, painço, trigo-sarraceno

leguminosas ★ Amendoim, feijões em geral, ervilha fresca, vagem, soja só fermentada em forma de misso, shoyu, tofu, tempê, natô

raízes ★ Nabo comprido, rabanete comprido, cenoura

tubérculos ★ Batata (só porque tem pectina), inhame, batata-doce

bulbos ★ Nabo redondo, rabanete, beterraba, alho, cebola

folhas, flores, talos ★ Couve, couve-flor, couve-de-bruxelas, repolho, agrião, espinafre, brócolis

óleos ★ De oliva, gergelim, peixe

peixes ★ Principalmente os de alto-mar, que são menos contaminados por mercúrio

ovos ★ A gema

sementes ★ De gergelim, girassol, castanha-do-pará

algas ★ Kombu, wakame, hijiki, arame, ágar-ágar, spirulina, clorela *frutas* ★ *Amora, banana, maçã, morango, entrecasca das laranjas (a parte branca)*

chás ★ *Preto, verde, oolong e banchá, de preferência com gotinhas de limão*

umeboshi ★ *Ameixa salgada japonesa*

e mais ★ *Pólen de abelhas, carvão vegetal, levedo dietético, papaína, extrato de fígado, extrato de timo*

o que eles contêm

vitaminas antioxidantes ★ A/betacaroteno, BI, B5, B6, PABA, C, E, bioflavonóides.

minerais antioxidantes ★ Selênio, zinco, cobre, manganês, enxofre.

ácidos nucleicos ★ Importantíssimo grupo de substâncias presentes no núcleo celular. Inclui o DNA e o RNA, ácidos essenciais à formação de novas células, portadores do código genético que preserva as características de cada pessoa. Sua presença reforça a defesa celular contra radiação e toxinas. O organismo produz ácidos nucleicos. As grandes fontes externas são pólen de abelhas, levedo, algas clorela, fígado de galinha, extrato de fígado, cogumelo, peixes como sardinha, salmão e anchova, germe de trigo, aveia, cebola.

alginato de sódio ★ As algas marinhas kombu, wakame, hijiki e arame (conhecidas como algas kelp), ágar-ágar e clorela têm como ingrediente precioso o alginato de sódio, que reduz em 50 a 80% o radiativo estrôncio-90 absorvido pelos tecidos ósseos. Hoje em dia todo mundo tem E-90 no corpo devido a testes de bomba atômica, usinas nucleares e emissões de rotina, e isso aumenta o risco de contrair leucemia, câncer ósseo e de sistema linfático (mal de Hodgkins). Os males menores: anemia e redução na produção de células brancas e vermelhas do sangue. O alginato de sódio atrai e envolve o isótopo radiativo de E-90 no trato intestinal, formando com ele um sal insolúvel chamado alginato de estrôncio que é eliminado pelas fezes. Faz a mesma coisa com poluentes metálicos do ambiente como chumbo, bário, cádmio, estrôncio, ferro, plutônio e césio. Além disso as algas ajudam a dissolver depósitos de muco e gordura, contêm iodo, que protege a tireóide e os órgãos reprodutivos, e mais 56 minerais e oligoelementos necessários ao corpo. Pouco fósforo, o que tem suas vantagens. Spirulina e clorela ainda são fonte de clorofila, essencial para renovar o sangue e transportar oxigênio até as células. Recomendação: 100 g (peso seco) de algas por semana, ou 2 a 5% da alimentação diária.

enxofre ★ Ajuda o fígado e os rins a desintoxicarem o organismo. Alho e cebola são ricos em enxofre, o alho através da alicina, a cebola nos aminoácidos metionina e cisteína. O alho ainda regulariza a pressão alta, reduz a taxa de colesterol no sangue, os coágulos e depósitos de gordura; aumenta a absorção das vitaminas B, estimula as glândulas; contém antibióticos naturais e germânio orgânico. Suplementos de alho: sem restrições.

cisteína ★ Aminoácido que contém enxofre e é antioxidante, com grande capacidade de desativar e remover radicais livres e evitar a destruição da hemoglobina pelos agentes radiativos. Protege o fígado e os rins das toxinas ambientais, já que neutraliza e elimina metais tóxicos como chumbo, mercúrio e cádmio. Fontes: couve, agrião, couve-de-bruxelas, repolho, nabo, couve-flor, brócolis, amora, espinafre; as algas citadas acima; rabanete, ervilha fresca, cenoura, castanha de caju; entre as fontes animais expressivas em enxofre estão ovos, carne e peixes. Estes, se possível de alto-mar: atum, bacalhau, haddock, namorado, badejo/garoupa, linguado, vermelho/pargo, cherne, esturjão, cação, merluza e outros, que certamente contribuirão com menos toxinas químicas do que os peixes das poluídas baías. Os vegetais irradiados perdem muita cisteína. Suplementos: devem ser acompanhados de complexo B com reforço na B6 e três vezes mais vitamina C do que cisteína.

clorofila ★ É o verde dos vegetais e das folhas, tem estrutura muito semelhante à da hemoglobina e é tônico orgânico por excelência. Capaz de reduzir à metade as toxinas da poluição e da radiação; fácil de obter no dia a dia através das folhas verde-escuras de couve, agrião, repolho, brócolis e outras, que ainda têm a vantagem de ser ricas em enxofre, sais minerais e vitaminas.

fibras ★ Presentes na maior parte dos alimentos marcados com ★ , aceleram o trânsito das fezes pelos intestinos e reduzem assim a assimilação de substâncias tóxicas pela mucosa intestinal.

pectina ★ Carboidrato que envolve e elimina isótopos radiativos, notadamente o estrôncio-90 e o chumbo; também reduz a taxa do "mau" colesterol no sangue. Deve ser obtida de fontes naturais, pois a pectina sintética não tem o mesmo efeito. Fontes: parte branca dos cítricos (juntinho da casca) e sobretudo de grapefruit, sementes de girassol, soja (mas não tofu), cenoura; banana, beterraba, batata, maçã com casca e semente, couve-de-bruxelas, morango, amora, framboesa, feijão.

germânio ★ Antioxidante, antimutagênico, anticancerígeno e catalisador da assimilação de oxigênio pelas células, o germânio tem sido usado com muito sucesso na prevenção e no tratamento das doenças degenerativas. Impede a hipoxia, deficiência de oxigênio nas células que aparece na fase mais grave de todas as doenças. O Ge-132 é um composto sintético que mistura o mineral-traço germânio com carbono, hidrogênio e oxigênio. Surgiu da constatação de que as plantas medicinais do oriente são ricas em germânio, e foi desenvolvido no Japão pela equipe do Dr. Kasuhiko Asai, em 1967; hoje, milhões de japoneses tomam suplementos de Ge-132 todos os dias. O Dr. Asai, em seu livro The Miracle Cure: Organic Germanium (Japan Publications, 1980), diz que seu produto é eficiente contra todos os tipos de doenças, do câncer à sinusite, da neurose ao mioma, da cirrose e da diabetes aos problemas cerebrais. Normaliza o metabolismo de vários minerais e reforça a cisteína. É imunoestimulante, fazendo aumentar a produção natural de interferon e de vários tipos de células brancas. Suas propriedades contra a radiação estão sendo pesquisadas, com muitos resultados positivos. Fontes naturais de germânio: o alho é a segunda fonte mais rica e a mais fácil de obter, contendo 754 ppm (partes por milhão, ou mg por k) de germânio. A primeira: Trametes cinnabarina Fr., nativa da Rússia, 800 a 2000 ppm. As outras: Panax ginseng, Angelica pubescens Maxim., agrião, castanha-d'água (Trapa japonica Flerov), confrei, Lycium chinese mill, Wisteria floribunda, Aloe vera, clorela e cevada perolada. Suplementos: sem restrições, em doses diárias variando de 25 a 100 mg.

lecitina ★ Substância gordurosa, antioxidante, que introduz no sangue o bom colesterol e ajuda assim a evitar depósitos de gordura sob a pele e endurecimento gorduroso das artérias. Neutraliza efeitos da radiação e da poluição sobre os sistemas nervoso e reprodutivo, atuando de forma semelhante às vitaminas A, C, E, ao selênio e à enzima superoxidodismutase/SOD. Com isso reduz o stress e aumenta a imunidade contra infecções virais, que podem ser desencadeadas por exposição a toxinas; auxilia o funcionamento dos rins e do fígado e protege o sistema cardiovascular. É fonte de colina, uma vitamina B que emulsifica ou degrada gorduras no corpo, previne doenças neurológicas e possivelmente o mal de Alzheimer; estimula a produção de acetilcolina, que evita perda de memória, tremores faciais e mania (na demência senil é constatada deficiência de colina e lecitina). Neutraliza ou reduz os efeitos de vários agentes radiativos, como raios-x, estrôncio-90, césio-137, iodo-131, kripton-85, rutênio-106, zinco-65, bário-140, potássio-42, plutônio-239, e de vários poluentes ambientais como chumbo, alumínio, DDT, nitratos, nitritos, drogas recreativas e medicinais. Fontes: pólen de abelhas (até 15% de lecitina), gema de ovo (8 a 10%), peixes, aveia, trigo, soja, amendoim, arroz, feijões. A lecitina encontrada no mercado é de soja, pela simples razão de que a produção mundial de soja é enorme e o produto se torna barato. Suplementos: muito úteis na prevenção e no tratamento de desordens musculares, nervosas e cerebrais derivadas de exposição a elementos radiativos ou tóxicos, incluindo drogas psicoativas que geralmente reduzem a reserva de acetilcolina. São encontrados em cápsulas, grânulos e líquido espesso. Este último é a forma mais econômica, recomendada em doses de 1 a 3 colheres de sopa por dia. Equivalência em cápsulas: 1200 mg = 1 colher de sopa de lecitina líquida, que deve ser guardada na geladeira para evitar o ranço. Inconveniente: a lecitina contém muito fósforo para pouco ou nenhum cálcio, magnésio e manganês, seus parceiros de atuação, portanto o uso de suplementos não deve ser feito isoladamente. 75 partes de fósforo se equilibram com 100 de cálcio.

levedo dietético ★ É diferente do levedo de cerveja pelo fato de ser produzido especialmente para consumo humano; dessa forma, fica garantido seu alto conteúdo de vitaminas do complexo B (com exceção da B12, que só está presente no levedo quando é especialmente incluída). 50% de seu peso são proteínas; é boa fonte de ferro, e também de selênio, que é antioxidante. Suplementos: sem restrições.

papaína ★ Enzima extraída do suco do mamão, poderosa na degradação das proteínas e na defesa das células contra a radiação. Vendida em várias formas comerciais. Sem restrições.

ameixa salgada/umeboshi ★ Essa tradicional conserva japonesa, poderosamente antioxidante, combina o ácido cítrico da ume — ameixa verde, Prunus mume — com o sal, produzindo um excelente normalizador das funções orgânicas e do pH sanguíneo. É tão alcalinizante que 10 gramas de umeboshi (2 ameixas) neutralizam a acidez provocada por 100 gramas de açúcar, e ao mesmo tempo seu teor de ácido cítrico favorece a absorção de minerais como ferro, cálcio e magnésio. Contém catequinas, que estimulam o peristaltismo intestinal, e outras substâncias digestivas, anti-sépticas e antibióticas. Previne a fadiga, estimula o metabolismo e auxilia os rins e o fígado na eliminação de toxinas. Pode ser utilizada pura ou carbonizada, neste caso atuando exatamente como o carvão.

carvão ativado ★ Ou carvão vegetal: absorve e neutraliza substâncias radiativas e tóxicas, evitando envenenamentos. Extremamente útil após overdoses de qualquer tipo de droga. É vendido em farmácia, como comprimido, mas o efeito aumenta quando é mastigado ou triturado para tomar com água. Consta que pode ser consumido duas vezes por dia, uma colher de sopa ou oito tabletes de cada vez, durante vários dias e até mesmo semanas. (Home Remedies: Hydrotherapy, Massage, Charcoal and Other Simple Treatments, Agatha and Calvin Trash, M.Ds., Yuchi Pines Institute, 1981).

chás ★ O preto, o verde e o banchá saem todos da mesma planta, Thea sinensis, e são os únicos com direito ao nome chá: o resto é infusão, tisana, beberagem, caldo. O chá preto é feito com as folhinhas tenras da árvore, colhidas cedo e fermentadas durante o processo de secagem. O verde vem das folhas mais velhas, que secam sem fermentar e dão o famoso chá que todo mundo toma no Japão e na China. O oolong é destas mesmas folhas, semifermentadas. E as folhas mais grossas e escuras, que permanecem até três anos na árvore, dão o banchá ou kukichá. Todos contêm de 1 a 5% de teobromina e cafeína, que dão ao chá poder estimulante, 27% de tanino ou ácido tânico, adstringente e antibacteriano, uma pequena porção dos bioflavonóides quercitina e rutina, alguma vitamina C, flúor, centenas de outros componentes medicinais — e ainda as catequinas, que além de serem antioxidantes atuam à semelhança do alginato de sódio removendo o estrôncio-90 do organismo antes que ele atinja a medula óssea. Protegem, portanto, da radiação. As catequinas também ativam o peristaltismo intestinal. Muita cautela, porém: mais de 2 ou 3 xícaras diárias desses chás podem ser prejudiciais, porque o tanino é potencialmente cancerígeno e anula vitaminas, principalmente a BI (250 ml de chá preto matam I.0 mg de vitamina BI, a menos que você pingue nele boas gotas de limão, cuja vitamina C evita o dano). O banchá contém menos cafeína mas libera mais tanino, sobretudo quando é fervido, já que o alto calor favorece essa liberação. O correto é preparar todos os chás em infusão (água fervendo sobre as folhas, num bule escaldado, tampar e deixar 3 a 5 minutos), e as folhas não devem ser reutilizadas. Quanto mais amargo e adstringente, mais tanino no seu chá. Segundo pesquisa recente, alguns dos componentes do banchá inibem a formação de cáries, entre eles o cariofileno e o indol, que juntos neutralizam as bactérias Streptococus mutans e outras, causadoras de acne e de problemas intestinais. MATE Folhas de outra planta, a Ilex paraguaiensis, típica do Paraguai e do sul do Brasil. Tem propriedades semelhantes ao chá preto, com menos tanino e cafeína.

extrato de fígado/fígado dessecado ★ Produzido a partir do fígado de animais, concentra suas propriedades e fortalece as defesas orgânicas. É fonte de ácidos nucleicos. Vendido em tabletes, cápsulas ou comprimidos.

extrato de timo ★ Fabricado a partir da glândula timo, que governa a resposta imunológica, tem dado excelente resultado na prevenção e tratamento de doenças que se agravam por baixa imunidade.

pólen de abelhas ★ Quando elas voltam de seu passeio pelas flores, onde colhem néctar, parecem ter ganho botinhas: é o pólen que vai grudando nos pés das abelhas à medida que elas pousam aqui e ali. Para retirá-lo os apicultores as fazem entrar na colméia por um caminho estreito que matreiramente confisca a carga. Comidinha extremamente energética e curativa, conhecida desde a antiguidade, o pólen é exuberante em nutrientes especiais: proteínas, ácidos graxos, vitaminas A, B, C e E, magnésio, cálcio, selênio, lecitina, cisteína e ácidos nucleicos. Com isso estimula os órgãos e as glândulas, aumentando a vitalidade, rejuvenescendo e dando vida longa a quem o consome. Tem propriedades antivirais e antibacterianas, e seus efeitos radioprotetores e antitóxicos são considerados dos mais poderosos, até mesmo para reduzir os efeitos colaterais nos tratamentos do câncer por radioterapia. Sobre sua atuação durante quimioterapia há bons indícios mas não estudos conclusivos. Sabe-se, entretanto, que protege o organismo das agressões da poluição, de aditivos químicos, do DDT e das drogas fortes. O pólen é encontrado no mercado em forma de grãos pequenos, irregulares, em cores que vão do amarelo ao marrom-claro. É importante saber a procedência porque as flores das quais ele provém podem ter sido fumigadas com inseticidas. Suplementos: só têm contra-indicações para pessoas alérgicas, que devem começar com meia colherinha de café, ingerida de estômago vazio antes das três refeições, e ir aumentando até uma ou duas colheres de chá. Para neutralizar efeitos de radioterapia e aumentar a resposta imunológica a dose tem sido duas colheres de sopa (20 gramas) três vezes por dia. Importante: o pólen não deve ser fervido. Pode ser chupado, mastigado, engolido com água, chá, sopa, suco.

para entender melhor

radical livre É um átomo ou molécula que tem um elétron desemparelhado. Para quem não lembra: os compostos químicos consistem de dois ou mais elementos mantidos juntos em forma de moléculas pela força de uma ligação que envolve elétrons, a parte negativa dos átomos. A arrumação dos elétrons em pares determina a estabilidade dos compostos. Se um elétron recebe uma carga de energia forte o suficiente para pô-lo em fuga, o outro, coitado, fica muito instável e reativo. Vai procurar um novo elétron para se emparelhar, onde? Na molécula vizinha, que por sua vez ganha um elétron desemparelhado, que fica instável e tenta tirar outro elétron de um átomo próximo, numa reação em cadeia que acaba produzindo radicais livres em série e levando ao caos químico.

Tanto a poluição química quanto a radiação atômica aumentam a nossa produção de radicais livres. Quando se fala em poluição todo mundo já sabe mais ou menos que os produtos químicos e metais pesados deixam toxinas no ar, na água, na comida. Quando se fala em radiação a maioria pensa na possibilidade de acidentes em grande escala, como o vazamento de Chernobyl, e não sabe que ela já se instalou completamente em nosso cotidiano, para bem e para mal.

radiatividade É a propriedade de qualquer sistema que irradia qualquer coisa: o sol irradia luz e calor, o rádio irradia som, a tv irradia som e imagem, o aparelho de raio-x irradia raio-x. Isso acontece porque o núcleo desses sistemas tem a capacidade de emitir partículas eletromagnéticas, ou seja, radiação, o que é uma característica da instabilidade desse núcleo. Radiação, a grosso modo, é a forma como a energia se move pelo espaço. O calor, a luz, o som nos chegam através de raios, ondas. Nada de novo: a radiação é uma força tão antiga quanto o universo. A novidade: estamos usando cada vez mais radiação atômica, produzindo uma poeira radiativa 100 milhões de vezes maior do que a natural. Usamos em quê? Em eletricidade, telecomunicações, pesquisa de todo tipo, conservação de comida, culinária, controle de insetos, medicina, agricultura, pecuária, biologia, hidrologia, geologia, geofísica, geoquímica, indústria, lazer... E geramos também o quê? Mais radicais livres.

Rádio, tv, linhas de alta voltagem e monitores de vídeo produzem uma radiação não-ionizante, considerada inofensiva. Têm em comum o fato de emitirem ondas longas de baixa freqüência, que não botam nenhum elétron em fuga mas criam campos pulsantes de energia. Quando atingem a pele de uma pessoa fazem com que átomos e moléculas vibrem, produzindo fricção e calor. O corpo reage absorvendo o calor para a corrente sanguínea, que o devolve à pele, onde ele pode se dissipar. Entretanto, à medida que a irradiação aumenta, a capacidade de dissipação diminui; isso pode desencadear uma série de anormalidades biológicas — destruição de tecidos, alteração da resposta imunológica, colapso das células, danos cromossômicos. Ou seja, cataratas, defeitos congênitos, desordens nervosas e comportamentais, problemas endócrinos, distúrbios cardiovasculares, lesões cerebrais, câncer. As estatísticas apontam o dobro da incidência de câncer nas pessoas que trabalham com redes de alta tensão. E o uso excessivo de telefone celular parece afetar os tecidos cerebrais, favorecendo a formação ou o agravamento de tumores.

Quando as ondas eletromagnéticas vão se tornando mais curtas e freqüentes, como microondas, raios infravermelhos (que sentimos como calor), luz, luz ultravioleta, raios-x e raios gama, passam a ter um poder conhecido como ionizador. Esse poder se exerce como um coice sobre o átomo, principal componente da matéria, ou sobre as moléculas, que são cadeias de átomos, e tem como conseqüência a formação de radicais livres e a desestabilização geral da química orgânica, produzindo oxidação em cadeia, envelhecimento precoce, doença degenerativa e morte.

fontes As fontes de radiação ionizante são muito variadas. Uma delas é o radônio, gás natural que está por toda parte, mais concentrado onde há formação de granito, rochas de fosfato ou depósitos de urânio. Outra é a tinta fosforescente usada nos rádios, relógios e painéis de automóveis e aviões — o efeito é conseguido graças a uma radiativa mistura de rádio, trítio e prométio, e contamina ainda luzes de pesca, instrumentos de navegação marítima e detectores de fumaça. Certas cerâmicas e vernizes contêm urânio, que comidas ácidas podem absorver por contato. Lentes de óculos de boa qualidade contêm urânio e tório. Susbtâncias radiativas também são usadas em jóias, para dar mais brilho, em porcelana dental e no revestimento antiaderente das panelas. Mas isso é pouco. Veja só: fumaça de cigarro é fonte de radiação, devido aos fertilizantes fosfatados que contêm rádio-226 e são largamente utilizados nas plantações de tabaco. Quando alguém inala a fumaça, dois radioisótopos alfa-emissores entram no organismo — polônio-210 e chumbo-210, ambos derivados do rádio-226. O resultado disso é que cada 29 cigarros fumados equivalem à radiação de uma sessão de raio-x do tórax, e um maço de cigarros por dia é igual a 300 radiografias por ano. Brr? Calma, nem tudo é desgraça. A maior parte dessas estranhezas é solúvel em água, e como somos 80% água, temos grandes chances de eliminar a maioria das agressões cotidianas — se os nossos sistemas de eliminação estiverem funcionando bem, é claro. O que não nos exime de saber, no entanto, que a meia-vida de um elemento radiativo como o chumbo-210 é de 22 anos e que ele se acumula nos pulmões... Ou que um monitor de vídeo, que em condições normais é pouco nocivo, quando está com defeito se torna tão radiativo quanto um aparelho de raio-x.

MUITO PRAZER:

C O M I D A

recomendação diária: de quanto você precisa?

Aqui vai uma relação da quantidade de nutrientes que precisamos repor todo dia para compensar o que gastamos vivendo. Aplica-se a qualquer pessoa com mais de 11 anos e informa quantidades mínimas e máximas. Grávidas e lactantes precisam do máximo, pessoas estressadas também...

macronutrientes

carboidratos

250 g para 2000 calorias, ou
58% do total calórico diário
(1 g carboidrato = 4 calorias)

fibra dietética

1 a 2.5 g para cada 100 calorias

proteína

mínimo: 0.8 g por quilo de peso corporal
(seu peso x 0.8 = ... g), ou
12% do total calórico diário
(1 g proteína = 4 calorias)
máximo: o dobro

gordura total

mínimo: 10 a 15% do total calórico diário
máximo: 30% do total calórico diário
(1 g gordura = 9 calorias)
saturada, máximo 10%

monoinsaturada, máximo 10%

polinsaturada, máximo 10%

colesterol

ideal: 200 a 240 mg
máximo: 300 mg

calorias

necessidade média entre 10 e 50 anos:
mulheres, 1800 a 2200
homens, 2000 a 3000

Controlar a ingestão de nutrientes é fundamental para quem faz dieta; os suplementos vitamínico-minerais quebram um galho, mas estão muito longe de ser ideais. Consulte as tabelas e anote ao lado de cada nutriente o seu consumo diário, de modo a compensar as deficiências que for sentindo.

micronutrientes

vitaminas	*min*	*max*	
vitamina a	*800*	*1300*	*RE*
b1/tiamina	*1.1*	*1.6*	*mg*
b2/riboflavina	*1.3*	*1.8*	*mg*
b3/niacina	*15*	*20*	*mg*
b6/piridoxina	*1.6*	*2.2*	*mg*
vitamina b12	*2*	*2.6*	*mcg*
folacina	*180*	*400*	*mcg*
ácido pantotênico	*5*	*10*	*mg*
vitamina c	*60*	*90*	*mg*
vitamina e	*8*	*12*	*mg*
vitamina k	*45*	*90*	*mg*

água/eletrólitos			
água	*8 copos*		
sódio	*500*	*2400*	*mg*
potássio	*2000*	*3500*	*mg*

sais minerais			
cálcio	*800*	*1200*	*mg*
fósforo	*800*	*1200*	*mg*
magnésio	*280*	*350*	*mg*
ferro	*10*	*15/30*	*mg*
selênio	*55*	*75*	*mcg*
zinco	*12*	*19*	*mg*
cobre	*1.5*	*3*	*mg*

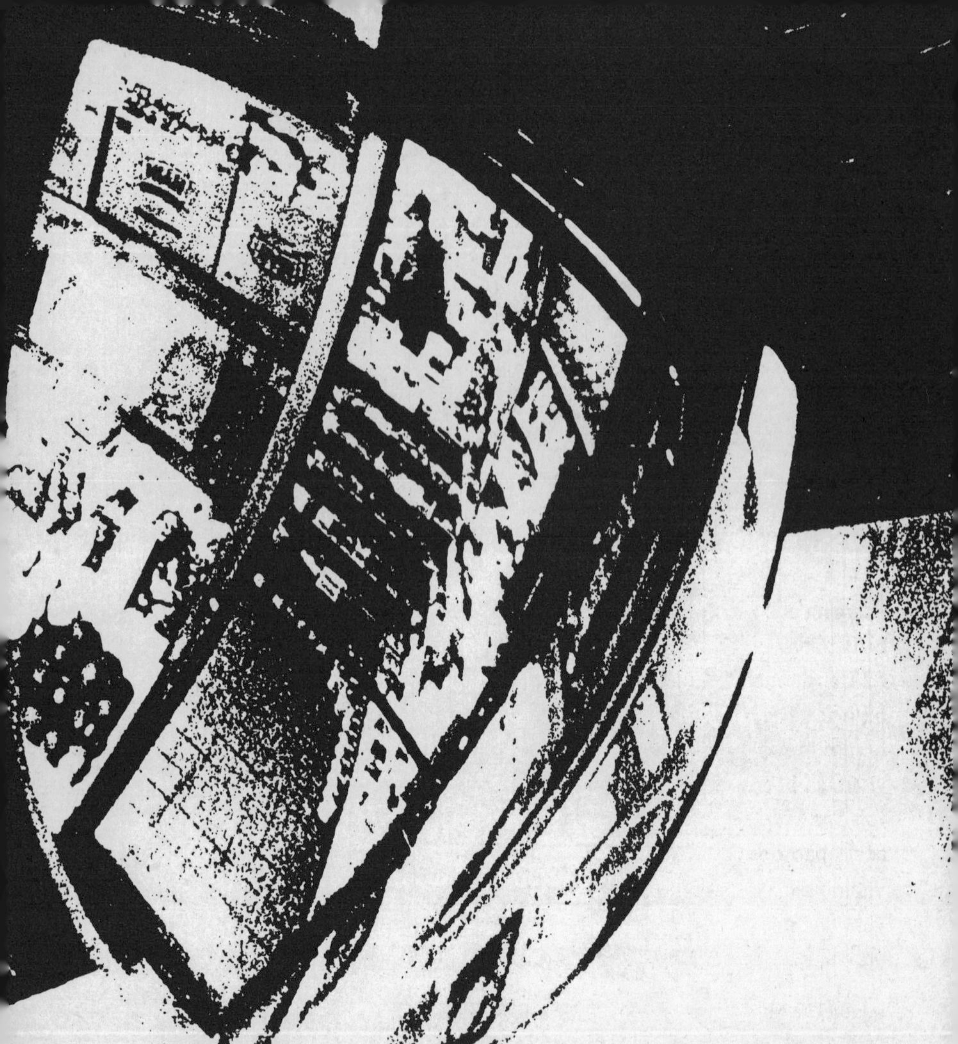

macro e micronutrientes Carboidratos, proteínas, gordura e água são os nutrientes de que precisamos em grande quantidade, daí serem chamados de macro; vitaminas e minerais, que obtemos e utilizamos em porções mínimas, são os micro. Mas isso não quer dizer que os macro sejam mais importantes que os micro — bem ao contrário, os pequenininhos é que possibilitam o aproveitamento dos grandões.

sobre as tabelas Todos os valores estão em ordem decrescente, isto é, você encontra os teores mais altos de nutrientes no começo das tabelas. Os números foram sumariamente arredondados para facilitar a compreensão, principalmente porque se sabe que duas cenouras raramente são iguais. Só entraram os alimentos com mais de 10% da recomendação diária para o nutriente em questão. 95% dos dados são norte-americanos, obtidos nas pesquisas mais recentes. Por fim, não conseguimos todos os dados que desejávamos. Convenções: **xc** xícara, **un** unidade, **cs** colher de sopa, **cc** colher de chá, **gf** garrafa, **cp** copo, **ft** fatia, **pç** porção, **ds** dose.

carboidratos

Eles são a principal fonte de energia para as atividades do corpo, e o mundo inteiro os consome em forma de arroz, trigo, aveia, milho, feijão, batata, farinha. São abundantes, variados e relativamente baratos. Quando se fala em arroz, feijão e farinha é de carboidratos que se está falando, embora haja ali outros nutrientes; é que carboidratos enchem barriga e dão "sustança", e suas sobras constroem reservas de energia em forma de gordura que o corpo poderá utilizar em situações de fome.

recomendação diária

Não foi estabelecida. O consumo médio vai de 150 a 300 gramas por dia. A principal recomendação é que se obtenha o maior teor calórico da alimentação através de carboidratos complexos, pois está comprovado que as doenças crônicas e degenerativas coincidem com uma dieta pobre em fibras e micronutrientes. Os alimentos ricos em carboidratos complexos estão classificados na tabela com +/+, os pobres com - e -/-.

os alimentos e seu teor de carboidratos

medida	*peso*	*alimento*	g
1 xc	140 g	QUÍNOA +/+	100
1 xc	140 g	ADLAI/LÁGRIMA-DE-N.SENHORA +/+	90
1 xc	120 g	FUBÁ DE MILHO INTEGRAL +/-	90
1 xc	130 g	FARINHA DE CENTEIO INTEGRAL +/-	90
1 xc	120 g	FARINHA DE TRIGO INTEGRAL +/-	85
1 xc	100 g	FARINHA DE CENTEIO MÉDIA +/-	80
1 xc	100 g	FARINHA DE TRIGO-SARRACENO ★ +/-	70
1 xc	120 g	FARINHA DE GLÚTEN +/-	65
	100 g	PINHÃO COZIDO +	65
1 cp	300 g	MILKSHAKE DE CHOCOLATE	60
1 cp	300 g	MILKSHAKE DE BAUNILHA -	55
1 xc	240 g	PAINÇO COZIDO ★ +/+	55
1 xc	200 g	ARROZ BRANCO COZIDO -	55
1/2 xc	60 g	FARINHA DE MANDIOCA +/-	50
1 xc	200 g	ARROZ INTEGRAL COZIDO ★ +/+	45
1 xc	110 g	BROTO DE TRIGO CRU +/-	45
1 xc	130 g	INHAME COZIDO ★ +	45
1 xc	160 g	CEVADA PEROLADA COZIDA +/+	45

►

medida	*peso*	*alimento*	*g*
1/2 xc	50 g	BANANA-PASSA ★ +	45
1 xc	200 g	CEVADA INTEGRAL COZIDA +/+	45
1 xc	160 g	MILHO EM GRÃO COZIDO +/+	40
1 un	150 g	BATATA-DOCE COZIDA SEM CASCA +	40
1 ft	70 g	BOLO DE CHOCOLATE COM COBERTURA -/-	40
1/2 xc	65 g	DAMASCO SECO +	40
1 ft	120 g	PIZZA DE MUSSARELA -/-	40
1 xc	120 g	BROTO DE ERVILHA CRU +/-	35
1 xc	140 g	MACARRÃO DE TRIGO INTEGRAL COZIDO +/-	35
1 xc	250 g	MACARRÃO CASEIRO COM MOLHO E QUEIJO +/-	35
1/2 xc	50 g	FARINHA DE ROSCA -	35
1 xc	140 g	MACARRÃO VERDE COZIDO +/-	35
4 un	50 g	COOKIE DE AVEIA COM PASSAS +/-	35
1 ft	70 g	BOLO COMUM -	35
2 cs	40 g	MEL -	35
2 ft	60 g	PÃO BRANCO MACIO TOSTADO -	35
1 xc	240 g	PURÊ DE BATATA SIMPLES ★ +	35
	50 g	UVAS-PASSAS COBERTAS POR CHOCOLATE -	35
1 xc	160 g	ARROZ SELVAGEM COZIDO +/+	35
1 xc	180 g	TRIGUILHO COZIDO +/+	35
1/2 xc	60 g	GRANOLA +	35
	50 g	CHIPS DE INHAME -	35
1 un	60 g	PÃO ÁRABE -	35
1 gf	350 g	REFRIGERANTE TIPO COLA -/-	35
1/2 xc	130 g	PUDIM DE CHOCOLATE -	35
10 un	30 g	DROPS SORTIDOS -/-	30
1 ft	180 g	QUICHE LORRAINE +/-	30
1 xc	250 g	SALADA DE BATATA COM MAIONESE E OVOS +/-	30
1 xc	150 g	SORVETE DE CREME -/-	30
1 ft	70 g	BOLO DE CENOURA -	30
2 ft	60 g	PUMPERNICKEL/PÃO SUECO +/-	30
4 un	50 g	PÊSSEGO SECO +	30
1 un	170 g	CAQUI +	30
2 cs	40 g	XAROPE DE MILHO/KARO -	30
2 ft	60 g	PÃO DE CENTEIO LEVE +/-	30
5 un	40 g	TÂMARA SECA +	30
2 cs	30 g	AÇÚCAR BRANCO -	30
4 un	40 g	COOKIE DE CHOCOLATE -	30
1 un	100 g	BATATA-BAROA/MANDIOQUINHA +	30
2 ft	60 g	PÃO DE AVEIA ★ +/-	30

medida	peso	alimento	g
2 ft	60 g	PÃO DE TRIGO INTEGRAL +/-	30
1 xc	250 g	SUCO DE MAÇÃ ★ +	30
1 xc	160 g	UVA +	30
	50 g	CHIPS DE MILHO -	30
2 cs	30 g	MALTE DE CEVADA -	30
4 un	40 g	BISCOITOS RECHEADOS/TODOS OS TIPOS -/-	30
1 xc	160 g	MANGA +	30
1 un	50 g	PÃO FRANCÊS -	30
2 ft	60 g	PÃO DE TRIGO SEMI-INTEGRAL +/-	30
	50 g	CHOCOLATE MEIO AMARGO -	30
	100 g	CARÁ COZIDO +	30
1 un	50 g	BROWNIES COM CASTANHAS -	30
1 xc	85 g	FARINHA DE SOJA INTEGRAL +/-	25
1/2 xc	110 g	BANANA AMASSADA ★ +	25
1 un	60 g	CROISSANT -	25
2 cs	28 g	AÇÚCAR MASCAVO -	25
1/2 xc	120 g	CALDO DE CANA -	25
1 xc	250 g	SOPA DE ERVILHA COM ÁGUA ★ +	25
1 un	150 g	ROMÃ +	25
5 un	40 g	AMEIXA SECA +	25
2 cs	40 g	MAPLE/XAROPE DE SEIVA DE BORDO -	25
	50 g	BATATA CHIPS -	25
1 xc	250 g	SUCO DE LARANJA FRESCO +	25
1 pç	70 g	BATATA FRITA À FRANCESA -	25
1 xc	230 g	AVEIA EM FLOCOS COZIDA COM ÁGUA ★ +/+	25
1 un	100 g	BATATA ASSADA COM CASCA ★ +	25
1 un	200 g	PÊRA +	25
1 xc	100 g	FRUTA-DE-CONDE/PINHA +	25
1/2 xc	75 g	BANANA-DA-TERRA CRUA/COZIDA ★ +	25
	100 g	JACA +	25
2 un	40 g	FIGO SECO +	25
3 cs	30 g	UVAS PASSAS SEM CAROÇO +	25
1/2 xc	95 g	FEIJÃO-BRANCO COZIDO ★ +	25
1 xc	250 g	SUMO DE CENOURA ★ +	25
1 xc	250 g	SUCO DE GRAPEFRUIT FRESCO +	25
1/2 xc	80 g	GRÃO-DE-BICO COZIDO ★ +	25
1 un	80 g	PANQUECA DE BATATA +/-	25
10 un	30 g	BALA DE GOMA -/-	25
1 un	75 g	WAFFLE -	25
2 cs	40 g	LEITE CONDENSADO DOCE -/-	20

►

medida	peso	alimento	g
1 xc	200 g	ABÓBORA COZIDA +	20
1 xc	250 g	SUCO DE LIMA FRESCO +	20
1 un	45 g	BROA DE MILHO COM LEITE E OVO +/-	20
2 cs	40 g	MELADO DE CANA INTEGRAL +/-	20
1 un	140 g	MAÇÃ COM CASCA ★ +	20
1 xc	180 g	LARANJA CORTADA ★ +	20
1 xc	190 g	TANGERINA EM GOMOS +	20
4 un	30 g	CRACKER SEMI-INTEGRAL -	20
1/2 xc	100 g	ERVILHA PARTIDA COZIDA ★ +	20
1/2 xc	90 g	FEIJÃO-PRETO COZIDO ★ +	20
1/2 xc	90 g	FEIJÃO-ROXINHO COZIDO ★ +	20
	100 g	BARDANA COZIDA +	20
1/2 xc	89 g	FAVA COZIDA +	20
3 cs	26 g	TRIGUILHO SECO +/+	20
1 xc	250 g	MACARRÃO COM MOLHO DE CARNE +/-	20
1 un	100 g	BATATA DESCASCADA COZIDA +	20
1/2 xc	100 g	LENTILHA COZIDA ★ +	20
	50 g	AMÊNDOAS COBERTAS POR CHOCOLATE +/-	20
6 cs	70 g	TREMOÇOS PREPARADOS +	20
1 xc	160 g	ABACAXI +	20
2 un	100 g	FIGO FRESCO +	20
1 xc	150 g	TRIGO EM GRÃO COZIDO +/+	20
1/2 xc	120 g	FLOCOS DE TRIGO COZIDOS +/+	20
	70 g	AMENDOIM COZIDO ★ +	20
	50 g	AMENDOIM COBERTO POR CHOCOLATE	20
2 cs	20 g	RAPADURA -	20
1/2 xc	75 g	BANANA EM RODELAS ★ +	20
2 cs	22 g	FÉCULA DE BATATA -	20
1/2 xc	100 g	PURÊ DE BATATA COM LEITE E MARGARINA +/-	20

Os carboidratos formam uma grande família de substâncias que fornecem energia ao organismo; compõem-se de carbono, hidrogênio e oxigênio e chamam-se amido, dextrina, açúcares, glicogênio, fibra. Somente a fibra não é aproveitada como alimento. Os açúcares podem ser monossacarídeos (como glicose, frutose e outros), dissacarídeos (um par grudadinho de monossacarídeos como a sacarose, a lactose, a maltose) e oligossacarídeos (quando é uma turma de 3 a 15 monossacarídeos, como a dextrina). Há ainda os polissacarídeos, ou carboidratos complexos, que são cadeias de muitos monossacarídeos que incluem amido, glicogênio e fibra. Os carboidratos são absorvidos principalmente no intestino delgado, depois oxidados para produzir energia (transformando-se em dióxido de carbono e água); ou então ficam armazenados, em forma de glicogênio ou de gordura. O amido é a fonte mais importante de carboidratos. Presente na maioria das plantas, abundante nos cereais, feijões, raízes e tubérculos, é digerido principalmente por uma enzima chamada amilase.

Carboidratos engordam, dizem as moças magras. Mas nem todos os carboidratos são iguais, por isso é injusto achar que todos engordam do mesmo jeito. Vejamos: eles podem ser simples ou complexos. Os simples contêm simplesmente açúcares, mono ou dissacarídeos. Os complexos contêm amidos e fibras além dos açúcares. Amidos são cadeias de glicose; mas fibras são componentes indigeríveis que servem sobretudo ao trânsito e à limpeza intestinal. Isto quer dizer que, se você consome 100 g de carboidratos simples, eles serão integralmente utilizados dentro do corpo, como energia ou reserva de gordura. Mas se você consome 100 g de carboidratos complexos, boa parte deles, feita de fibras, será eliminada na via intestinal — ou seja, enche barriga mas não engorda, e ainda ajuda na limpeza do intestino. Isto é que faz a vantagem dos cereais integrais sobre os refinados, do pão integral sobre o pão branco, vantagem aumentada pelo fato de que o alimento integral conserva todos os seus micronutrientes, enquanto o refinado os perde no processo de "beneficiamento".

No fim da linha, todos os carboidratos acabam transformados em glicose. Uma pessoa bem nutrida apresenta o seguinte quadro: glicose circulando no sangue para abastecer as células, glicogênio armazenado no fígado e nos músculos para pronta entrega ao primeiro sinal de necessidade e excesso de glicose estocado em forma de gordura. O glicogênio, às vezes chamado de amido animal, é liberado pelo fígado durante os períodos de jejum para manter o nível de glicose no sangue, e nos músculos atua como fonte de energia imediata. Quando há fome prolongada o fígado converte certos aminoácidos em glicose.

fibra

Carboidrato não-nutritivo da alimentação, impossível de digerir, que vem em forma de celulose, hemicelulose, lignina, pectina, gomas, mucilagens e polissacarídeos (nas algas). Sua virtude é estar misturada aos alimentos em processo de digestão, absorver água e tornar o bolo fecal maior, mais macio e mais fácil de eliminar.

sinal de alarme *Fezes duras e ressecadas mostram falta de fibra na alimentação e podem provocar prisão de ventre, hérnia de hiato, hemorróidas, diverticulose. Uma alimentação pobre em fibras está sempre ligada a diabetes mellitus, apendicite, colesterol alto, doenças cardíacas, obesidade, câncer de reto, do cólon e dos seios*

recomendação diária *Não estabelecida. O National Cancer Institute dos EUA recomenda 20 a 35 g de fibras por dia, ou de 1 a 2.5 gramas por cada 100 calorias*

os alimentos mais ricos em fibra

medida	peso	alimento	g
	100 g	PINHÃO COZIDO	18.0
1 xc	130 g	FARINHA DE CENTEIO INTEGRAL	17.5
1 xc	120 g	FARINHA DE TRIGO INTEGRAL	15.0
1 xc	100 g	FARINHA DE CENTEIO SEMI-INTEGRAL/CLARA	15.0
1 xc	180 g	TRIGUILHO (TRIGO PARA QUIBE) COZIDO	10.5
1 xc	250 g	FLOCOS DE TRIGO COZIDOS	9.0
1 xc	110 g	BROTO DE TRIGO CRU	9.0
1 xc	165 g	MILHO VERDE COZIDO	8.0
1 xc	100 g	FARINHA DE TRIGO-SARRACENO INTEGRAL ★	8.0
1/2 xc	90 g	FEIJÃO-PRETO COZIDO ★	7.5
1/2 xc	90 g	FEIJÃO-ROXINHO COZIDO ★	7.5
1 xc	160 g	COUVE-DE-BRUXELAS ★	6.5
1/2 xc	85 g	FEIJÃO-FRADINHO COZIDO ★	6.0
1 xc	100 g	FARINHA DE TRIGO-SARRACENO CLARA ★	6.0
3 cs	27 g	TRIGUILHO (TRIGO DE QUIBE) SECO	6.0
1 xc	165 g	MANGA	6.0
5 un	30 g	CASTANHAS PORTUGUESAS COZIDAS	6.0
1 xc	140 g	QUÍNOA	5.5
1/2 xc	80 g	GRÃO-DE-BICO COZIDO ★	5.5
1 un	200 g	PÊRA D'ANJOU	5.5
1 xc	160 g	CENOURA COZIDA ★	5.5
1 xc	200 g	ABÓBORA COZIDA	5.5
	50 g	AMÊNDOAS COBERTAS POR CHOCOLATE	5.5
1 un	100 g	GOIABA	5.5
1 xc	140 g	MACARRÃO DE TRIGO INTEGRAL	5.0
1/2 xc	100 g	LENTILHA COZIDA ★	5.0
6 cs	70 g	TREMOÇOS PREPARADOS	5.0
	100 g	CELERÍACO (FALSA RAIZ DE AIPO) COZIDO	5.0
1/2 xc	100 g	ERVILHA PARTIDA COZIDA ★	5.0
1 xc	120 g	BROTO DE ERVILHA CRU	4.5
1 xc	180 g	LARANJA CORTADA ★	4.5
1 xc	100 g	CEVADA COZIDA	4.5
1 un	150 g	BATATA-DOCE ASSADA/COZIDA	4.5
1 xc	160 g	ERVILHA COM SUA VAGEM ★	4.5
1 xc	160 g	CEVADA PEROLADA COZIDA ★	4.5
1 xc	180 g	FOLHAS DE BATATA-DOCE COZIDAS	4.5
1/2 xc	70 g	AMENDOIM COZIDO ★	4.5
1 xc	160 g	BRÓCOLIS COZIDO ★	4.5
1 xc	190 g	TANGERINA EM GOMOS	4.0

medida	peso	alimento	g
2 ft	60 g	PÃO DE TRIGO INTEGRAL	4.0
1 xc	120 g	BELDROEGA/ORA-PRO-NÓBIS	4.0
1 xc	230 g	AVEIA EM FLOCOS COZIDA COM ÁGUA ★	4.0
1 xc	130 g	COUVE-MANTEIGA COZIDA ★	4.0
2 un	40 g	FIGOS SECOS	4.0
5 un	40 g	AMEIXAS SECAS	4.0
1 xc	180 g	ESPINAFRE COZIDO ★	4.0
1 xc	150 g	MORANGO ★	4.0
1 xc	180 g	ACELGA BRASILEIRA COZIDA ★	4.0
1 xc	100 g	PINHA	4.0
1/2 xc	75 g	BANANA-DA-TERRA CRUA/COZIDA ★	3.5
22 un	30 g	AMÊNDOAS SECAS	3.5
1/2 xc	40 g	COCO FRESCO RALADO	3.5
1 xc	180 g	ABOBRINHA VERDE COZIDA	3.5
1 xc	150 g	REPOLHO COZIDO ★	3.5
5 un	40 g	TÂMARAS	3.5
1 xc	200 g	ARROZ INTEGRAL COZIDO ★	3.5
1 xc	125 g	VAGEM COZIDA ★	3.5
1 xc	250 g	SALADA DE BATATA COM MAIONESE E OVOS	3.5
	50 g	AMENDOINS COBERTOS POR CHOCOLATE	3.0
	30 g	PISTACHE SEM CASCA	3.0
2 cs	10 g	CACAU EM PÓ	3.0
1 un	130 g	LARANJA DESCASCADA ★	3.0
1 un	140 g	MAÇÃ COM CASCA ★	3.0
1 xc	200 g	CEBOLA COZIDA ★	3.0
1/2 un	100 g	ABACATE	3.0
3 cs	20 g	GERME DE TRIGO TORRADO	3.0
3 cs	140 g	FOLHAS DE MOSTARDA COZIDAS	3.0
4 un	70 g	COGUMELOS SHIITAKE COZIDOS	3.0
1 xc	120 g	COUVE-FLOR COZIDA ★	3.0
1 xc	180 g	AGRIÃO COZIDO ★	2.5
2 cs	10 g	FARELO DE ARROZ CRU ★	2.5
1 xc	170 g	COUVE-CHINESA/ACELGA COZIDA	2.5
	30 g	CASTANHAS-DO-PARÁ ★	2.5
1 un	140 g	MAÇÃ SEM CASCA ★	2.5
	30 g	AMENDOIM TORRADO A SECO ★	2.5
	30 g	AVELÃS	2.5
1 xc	160 g	CEBOLA CRUA ★	2.5
1 cs	8 g	LEVEDO DE CERVEJA ★	2.5
1 xc	150 g	AIPO COZIDO	2.5

►

medida	*peso*	*alimento*	*g*
1 xc	140 g	MAMÃO	2.5
1 xc	130 g	BREDO/CARURU COZIDO	2.5
1 un	100 g	BATATA ASSADA COM CASCA ★	2.5
1 xc	165 g	COUVE-RÁBANO COZIDA	2.5
1 xc	170 g	PÊSSEGO CORTADO	2.5
1 un	50 g	PANQUECA DE FARINHA DE TRIGO INTEGRAL	2.5
2 xc	22 g	PIPOCA FRITA EM ÓLEO COM SAL	2.0
1 un	135 g	NECTARINA	2.0
2 cs	20 g	SEMENTES DE GERGELIM SECAS ★	2.0
1/2 xc	100 g	TOMATES COZIDOS	2.0
1 un	70 g	CENOURA CRUA ★	2.0
1/2 xc	120 g	CHUCRUTE	2.0
3 cs	20 g	GERME DE TRIGO CRU	2.0
2 cs	8 g	FARELO DE TRIGO CRU	2.0
4 cs	20 g	AVEIA EM FLOCOS ASSADA ★	2.0
3 cs	15 g	TRIGO EM FLOCOS CRU	2.0
1/2 xc	110 g	BANANA AMASSADA ★	2.0

Má notícia: alimentos ricos em fibras, como os cereais integrais, também são ricos em fitato/ácido fítico, substância que tem a propriedade de formar complexos insolúveis com os minerais, tornando-os indisponíveis para o corpo. Cobre e zinco são os mais afetados. Boa notícia: o fermento dos pães produz enzimas que destroem o fitato, e por isso o pão integral continua sendo mais nutritivo que o pão branco. Nos alimentos fibrosos e não fermentados a biodisponibilidade de minerais diminui.

A adição de fibra dietética (como fibra ou farelo de trigo) pode ser útil ao funcionamento intestinal, mas deve ser feita com cuidado, misturada aos alimentos sólidos; é bastante comum ocorrer concentração de fibras em determinados pontos do intestino, provocando fermentações irritantes e até lesões. O ideal é comer cereais integrais, vegetais e frutas onde a fibra é componente natural, mastigando muito bem para facilitar a digestão. Alimentos ricos em fibras têm a vantagem de ser ricos também em micronutrientes e pobres em gordura.

Existe uma diferença entre 'fibra alimentar' e 'fibra crua'. Esta, que aparece em tabelas alimentares mais antigas, é apenas a parte que resiste a certos processos químicos; equivale à terça ou quarta parte da fibra alimentar total.

açúcar: você sabia?

Quanto de açúcar você consome por dia?

A resposta não é fácil, porque a maior parte desse consumo é invisível — está embutido em refrigerantes, bolos, biscoitos, docinhos da vovó, sorvetes irresistíveis, cafezinhos indispensáveis, inocentes geléias, mel puro da fazenda do amigo, frutas maravilhosas da estação...

Então vamos dar um palpite: se você for como todo mundo, consome mais ou menos 150 gramas de açúcar por dia. Ou seja, é mais ou menos um quilo de açúcar por semana, quatro quilos e pouco por mês, 54 quilos por ano... de açúcar comercial, bem entendido, porque se incluir o açúcar natural das frutas dá mais.

Surpreendente? Espantoso!, considerando que o açúcar é o rei dos alimentos inúteis: só põe calorias, mais nada. Mais nada? Mentira. Como o excesso de açúcar se transforma em gordura, e gordura oxida com mais facilidade, ele também entra na lista dos que aumentam o contingente de radicais livres e por isso está ligado a certos tipos de câncer. Fora isso, engorda sem nutrir. Consome barbaridades de vitaminas B1, B2, B3 e colina. Provoca cáries, dá acidez e mau hálito, aumenta as espinhas, eleva a taxa de colesterol no sangue, influi no comportamento e nas emoções, etc etc etc. Além do mais engana a fome, então quem consome muita coisa doce fatalmente se alimenta mal.

Só que isso tudo é conversa antiga, que você já cansou de ouvir. O que há de novo? Tabelas. Encare a realidade, cidadão. Você nem sempre consegue eleger seu candidato, mas sua comida depende exclusivamente de você...

o teor de açúcar que nos deixa felizes e gordos

medida	*peso*	*alimento*	*cc açúcar*
1 xc	200 g	SORVETE TIPO SUNDAE	19
1 gf	350 g	COCA-COLA	10
1 gf	350 g	PEPSI-COLA	10
	100 g	BOLO FLORESTA NEGRA COM COBERTURA	10
1 gf	350 g	SPRITE	9
1 xc	250 g	MILKSHAKE GROSSO	7.5
1 xc	250 g	TANG	7.5
1 xc	250 g	IOGURTE DESNATADO COM FRUTAS	6
5 cc		QUICK	4.5
5 cc		OVOMALTINE SABOR MALTE	4.5

►

medida	*peso*	*alimento*	*cc açúcar*
	28 g	CHOCOLATE TIPO MILKY WAY	4
1/2 xc	120 g	GELATINA COMUM	4
1 cs		KARO	4
1 xc		SORVETE DE BAUNILHA	4
1 xc	250 g	GATORADE	3.5
	28 g	CHOCOLATE AO LEITE	3.5
1 cs	20 g	MAPLE/XAROPE DE SEIVA DE BORDO	3.5
1 xc	240 g	LEITE ACHOCOLATADO COM 2% GORDURA	3
1 cs	20 g	MELADO	3
1 cc	20 g	MEL	1.5
1 un		CHICLETE DE BOLA	1.5
1 un		GOMA DE MASCAR	.5
1 un		DROPS	.5
1 cs	15 g	CATCHUP	.5

o açúcar natural das frutas

medida	*peso*	*alimento*	*cc açúcar*
2 un	37 g	FIGOS SECOS	7
1 xc	250 g	SUCO DE MAÇÃ ★	7
1/2 xc	80 g	MELANCIA	6
1 un	110 g	BANANA ★	5
1 xc	250 g	SUCO DE LARANJA	4
1 un	200 g	PÊRA	4
1 un	130 g	MAÇÃ ★	3.5
2 un	16 g	AMEIXAS SECAS	3.5
2 cs	18 g	UVAS-PASSAS	3
1 un	130 g	LARANJA DESCASCADA ★	3
1 un	80 g	TANGERINA	3
1 un	100 g	ABACAXI FATIADO	2.5
1 un	90 g	PÊSSEGO	2
1/2 un	120 g	GRAPEFRUIT	2
1/2 xc	80 g	MORANGO ★	1

o peso do açúcar

	1 cc	*1 cs*
AÇÚCAR MASCAVO	4.5 g	14.0 g
AÇÚCAR BRANCO	4.0	12.5
MEL	7.0	21.0
MELADO	6.5	20.0
MAPLE/XAROPE DE BORDO	6.5	20.0

	1 cc	*1 cs*
XAROPE DE MILHO/KARO	7.0	21.0 g
AÇÚCAR DE CONFEITEIRO	2.0	6.0
1 ENVELOPE DE AÇÚCAR/1.5 cc	6.0	

as calorias do açúcar

	1 cc	*1 cs*
AÇÚCAR MASCAVO	17 cal	51 cal
AÇÚCAR BRANCO	16	48
MEL	21	63
MELADO	14	42
MAPLE/XAROPE DE BORDO	17	51
XAROPE DE MILHO/KARO	20	60
AÇÚCAR DE CONFEITEIRO	08	24
1 ENVELOPE DE AÇÚCAR/1.5 cc	23	

o mel & o melado

1 cs	*mel*	*melado*
CALORIAS	64	43 cal
CARBOIDRATOS	17	16 g
CÁLCIO	1	136 mg
FERRO	.1	3 mg
MAGNÉSIO	.5	51 mg
POTÁSSIO	11	585 mg
COBRE	0	.3 mg
SELÊNIO	.2	12 mcg

leia os rótulos

O açúcar aparece nos produtos industrializados com vários nomes. A ordem de entrada no rótulo é por quantidade. Sempre que você encontrar açúcar logo no começo, já sabe que ele é um dos ingredientes principais — e muitas vezes vai encontrá-lo de novo mais adiante. Veja os nomes que o açúcar tem.

açúcar comum: sacarose Procedente da cana-de-açúcar e da beterraba, é extremamente calórico e vazio de qualquer nutriente; engorda e facilita a formação de cáries dentárias. Dentro do corpo, a sacarose reage com água e enzimas digestivas e forma quantidades iguais de glicose e frutose, por isso se diz que ela é um dissacarídeo. 100 g de sacarose dão 53 g de glicose e 53 g de frutose.

açúcar invertido Adoçante feito da mistura de glicose e frutose em partes iguais; mais doce que a sacarose, usado na confecção de balas e doces.

açúcar mascavo Açúcar bruto, obtido da cristalização do melado; semelhante à rapadura.

álcool etílico/etanol Produto da fermentação do açúcar; em contato com as mucosas do estômago e do intestino é prontamente absorvido pela corrente sanguínea, de onde é retirado pelo fígado. Este o transforma e guarda para produzir energia, ácidos graxos e outros derivados. Cada grama de álcool fornece 7 calorias, o que está mais próximo do calor das gorduras (1 g/9 cal) do que dos carboidratos (1 g/4 cal). Uma dose comum (50 g) de bebida destilada, tipo cachaça, vodka, uísque, tem de 80 a 100% de teor alcoólico e fornece de 100 a 120 calorias. Um copo de vinho, cerveja ou chopp vai de 120 a 160 calorias. Uma pessoa que bebe muito pode obter assim metade da sua necessidade diária de calorias — vazias, sem nutrientes, ou seja: a pessoa engorda e ao mesmo tempo enfraquece.

aspartame Adoçante artificial feito de dois aminoácidos, L-aspártico e L-fenilalanina; insuficientemente testado para câncer até setembro de 92; foram observadas reações comportamentais negativas em pessoas testadas com refrigerantes diet à base de aspartame.

ciclamato de sódio Adoçante artificial 30 vezes mais doce que o açúcar, proibido há muitos anos como cancerígeno, foi liberado recentemente por falta de conclusões científicas apesar da forte suspeita que ainda desperta.

dextrose Nome comercial que se dá à glicose pura. Não contém nutrientes, só calorias. Favorece cáries dentárias e obesidade.

frutose Um dos vários tipos de açúcar das frutas. Aumenta o nível de açúcar no sangue menos que a glicose e a sacarose. Menos cariogênico e engordativo que os outros açúcares naturais, tem a vantagem de não precisar de insulina para entrar nas células do organismo. Também pode ser proveniente da sacarose, que ao ser ingerida reage com a água e enzimas e forma quantidades iguais de glicose e frutose. Transforma-se em acetato, precursor do colesterol. Segundo várias pesquisas, a frutose pode ser a grande culpada pelos problemas coronários. Diz o Dr. Linus Pauling que "os seres humanos e seus antepassados estão acostumados a metabolizar 300 g diários de glicose há milhões de anos. A situação com a frutose é completamente diferente: a frutose do mel e das frutas que o homem ingeria até alguns séculos atrás dava em média 8 g por dia. Agora, depois que o açúcar branco ficou disponível, a ingestão de frutose aumentou mais de 10 vezes, causando inumeráveis problemas à saúde."

glicose Principal produto da digestão dos carboidratos, que interagem com as enzimas da saliva e do suco gástrico, combinam-se com água e se decompõem para formar pequenas moléculas de glicose; estas atravessam as paredes dos intestinos e entram na corrente sanguínea; de lá são transportadas para todas as células do corpo.

lactose É o açúcar do leite, seis vezes menos doce que a sacarose. Para ser digerida, a lactose precisa da enzima lactase, que geralmente só é produzida na primeira infância.

Quando há deficiência de lactase, a lactose passa integralmente para o intestino grosso, onde fermenta, provocando cólica, diarréia, gases e outros problemas intestinais.

manitol Açúcar natural semelhante à glicose, menos doce que a sacarose, 50% menos calórico, pouco absorvido pelo organismo; até aqui inocente.

melado Xarope obtido do caldo de cana. Contém expressiva quantidade de ferro, cálcio e outros nutrientes.

mel Mais doce e mais aderente aos dentes que a sacarose; nutricionalmente tem alguns elementos importantes, mas em quantidades insignificantes; aumenta o nível de açúcar do sangue mais que a sacarose e é mais calórico.

rapadura Forma cristalizada do melado de cana, com qualidades nutricionais semelhantes.

sacarina Adoçante artificial 350 vezes mais doce que o açúcar, em 1977 já tinha reputação de cancerígeno mas foi liberado recentemente para todos os usos, apesar de ainda ser visto com muita desconfiança.

sacarose Açúcar comum, refinado, em pó ou tablete.

sorbitol Parente próximo da sacarose e da frutose, tem o mesmo teor calórico, é 50% menos doce e ocorre naturalmente nas frutas e nos vegetais; não provoca cáries nem eleva o nível de glicose no sangue; parece retardar a sensação de fome.

stévia Folhinha 300 vezes mais doce que o açúcar, pode ser usada à vontade. Em pó, olho nela: costuma vir misturada com sacarina. Leia o rótulo.

sunette/acesulfame-k Adoçante artificial 200 vezes mais doce que o açúcar, largamente utilizado nos países cujas restrições aos adoçantes artificiais são severas, como Inglaterra, Nova Zelândia, Rússia, Suécia, Suíça, Holanda e Estados Unidos.

xarope de milho (karo) Moderadamente doce, formado quando o amido de milho é parcialmente degradado com ácidos. Não contém nutrientes, só calorias. Favorece cáries dentárias e obesidade.

sem açúcar, com afeto *Claro que há doces insubstituíveis, e aquele chocolate especial que você adora. Mas há mil maneiras de reduzir ou evitar a adição de açúcar ou adoçante às sobremesas. Uma delas é fazer compota de frutas maduras — banana, maçã, caqui, abacaxi, goiaba, mamão, melancia e tantas outras — simplesmente deixando que elas cozinhem em fogo brando, panela grossa tampada ou de pressão. Água, só um tiquinho no fundo, para não grudar no início, porque depois a fruta vai soltando seu caldo e é nele que a coisa acontece. Uma pitada de sal ou um pouquinho de misso fazem sobressair o sabor doce, e você pode acrescentar frutas secas para aumentar o charme. Assar frutas em pote de barro ou pirex também concentra o sabor, e a receita se sofistica com um pouquinho de vinho, rum ou conhaque.*

proteína

Pensou em qualquer parte do corpo, pensou em proteína. Ela corresponde a 75% da nossa matéria seca, é o que há de mais importante na estrutura do organismo: faz o arcabouço que os outros nutrientes vão preencher. Todos os tecidos do corpo são proteína. Ossos existem porque cálcio, magnésio e fósforo se aninham na trama de proteína. Músculos são um maracanã de moléculas de proteína que conseguem se alongar e contrair. Tendões também são proteína. Unhas, pele, cabelo, membranas, proteína. Quando você se corta, sabe o que coagula o sangue? Uma rede finíssima de proteína — a fibrina — que se deixa entupir pelos glóbulos vermelhos. E, em termos de grandeza, ela tem no mínimo 17 vezes mais peso molecular que o açúcar, 3000 vezes mais peso que a molécula de água, é uma macromolécula. E um macronutriente.

Polivalente, transporta substâncias tão diferentes entre si quanto gorduras, minerais e oxigênio; aparece também como hormônios e enzimas; por isso é uma das descobertas mais emocionantes da bioquímica, que foi e ainda está sendo feita devagar devido à complexidade de sua constituição e de suas funções. Na verdade, o que chamamos proteína é um conjunto de unidades diferenciadas, os aminoácidos, e isso explica sua extrema versatilidade: mudando sua composição interna, a proteína muda também de função, num processo que ocorre continuamente no organismo. O sangue vai passando com sua carga de aminoácidos, cada tecidos os absorve na proporção adequada para sua renovação e devolve outros ao sangue, sem cessar. É como se os tecidos respirassem aminoácidos. Dessa forma uma pessoa forte pode sobreviver muito tempo com uma dieta pobre em proteína: o corpo recicla os aminoácidos disponíveis, a um ponto tal que consome seus próprios músculos antes de morrer de fome.

Mas falando em comida, a proteína pode vir de fontes vegetais ou animais, sendo a digestibilidade da proteína animal um pouquinho maior que a da proteína vegetal. A proteína animal na verdade é concentrada, já que contém em quantidade ótima todos os aminoácidos nutricionalmente essenciais. A proteína vegetal fornece um pouquinho de cada um desse aminoácidos em proporções diferentes, e o bom resultado final vem da combinação de várias fontes vegetais dentro do organismo, mesmo quando consumidas com um intervalo de 5 a 6 horas. Numa alimentação comum, e até deficiente em vitaminas e sais minerais, costuma haver bastante proteína. A carência, quando há, nunca está sozinha: é característica da desnutrição, geralmente em crianças e adultos muito pobres ou em estado terminal.

sinais de alarme: *magreza, falta de músculos, ossos finos, barriga inchada, baixa estatura, edema generalizado, calvície.*

recomendação diária *0.8 g de proteína para cada quilo de peso corporal (se você pesa 60 k, precisa de 48 g de proteína). Limite máximo sugerido para prevenção de câncer e doenças degenerativas: o dobro do RDA. Aproveitamento aproximado das proteínas: ovos, 93%; leite, 82%; peixes, 80%; queijos, 70 a 75%; carne e aves, 65 a 70%; cereais e feijões, 48 a 60%.*

os alimentos mais ricos em proteína

medida	*peso*	*alimento*	*g*
1 xc	85 g	FARINHA DE SOJA INTEGRAL	33.0
	100 g	CARNE MAGRA DE PORCO	33.0
	100 g	ARENQUE DEFUMADO	33.0
	100 g	BIFE DE CARNE MAGRA DE BOI	31.0
	100 g	CARNE DO PEITO DA GALINHA ASSADA	31.0
1/2 xc	70 g	TREMOÇOS PREPARADOS	31.0
	50 g	CAMARAO SECO	31.0
	100 g	CARNE BRANCA DE PERU ASSADA	30.0
	100 g	CARNE ESCURA DE PERU ASSADA	28.5
	100 g	NAMORADO À MILANESA ★	27.5
	100 g	CARNE ESCURA DE GALINHA ASSADA	27.5
	100 g	PERNIL DE PORCO ASSADO	25.0
	100 g	ALBACORA	24.0
	100 g	CAVALA/CAVALINHA	24.0
	100 g	AGULHÃO DE VELA	23.5
	100 g	ATUM FRESCO ★	23.5
	100 g	ARENQUE ASSADO/GRELHADO	23.0
	100 g	BACALHAU ASSADO/GRELHADO ★	23.0
	100 g	BONITO	23.0
	100 g	COELHO ASSADO	22.5
	100 g	HADDOCK COZIDO ★	22.5
	100 g	BACALHAU COZIDO ★	22.0
	100 g	LÍNGUA DE BOI COZIDA	22.0
	100 g	HALIBUT	22.0
	100 g	MERLUZA	22.0
1 xc	140 g	ADLAI/LÁGRIMA-DE-N.SENHORA	21.5
	100 g	CORVINA	21.0
	100 g	PESCADINHA	20.5

►

medida	peso	alimento	g
	100 g	DOURADO	20.0
	100 g	OVÁS DE PEIXE	20.0
	100 g	XERELETE	20.0
	100 g	CAVALA/CAVALINHA	20.0
	100 g	PEIXE-GALO	20.0
	100 g	PAMPO	20.0
	100 g	CHERNE	19.5
	100 g	TAINHA	19.5
	100 g	CURIMÃ	19.5
	100 g	BAGRE	19.5
	100 g	ARRAIA	19.0
	100 g	BADEJO	19.0
	100 g	CONGRO ROSA	19.0
	100 g	LINGUADO ★	19.0
	100 g	CAÇÃO	19.0
	100 g	VERMELHO/PARGO ★	18.5
	100 g	ENCHOVA	18.5
	100 g	CARAPEBA	18.5
	100 g	MANJUBA	18.5
	100 g	TRILHA	18.5
	100 g	BACALHAU DEFUMADO	18.5
	100 g	MORÉIA	18.0
1 xc	90 g	SOJA COZIDA	15.0
1 xc	140 g	QUÍNOA	15.0
	50 g	ATUM ENLATADO EM ÓLEO	14.5
	100 g	ARENQUE EM CONSERVA	14.0
	50 g	BIFE DE FÍGADO DE BOI	13.5
	50 g	FÍGADO DE PORCO NA BRASA	13.0
	50 g	RIM DE BOI COZIDO	13.0
1 xc	100 g	TRIGO-SARRACENO INTEGRAL ★	13.0
1 ft	180 g	QUICHE LORRAINE	13.0
	50 g	FÍGADO DE GALINHA COZIDO	12.5
	50 g	SARDINHA ENLATADA EM ÓLEO	12.5
	70 g	AMENDOIM COZIDO ★	12.0
	100 g	FARINHA DE TRIGO-SARRACENO INTEGRAL ★	12.0
	50 g	FÍGADO DE VITELA GRELHADO	11.0
	30 g	QUEIJO PARMESÃO	11.0
1 cp	300 g	MILKSHAKE DE BAUNILHA	10.5
1 cp	300 g	MILKSHAKE DE CHOCOLATE	10.0
	250 g	KEFIR COM 2% DE GORDURA	10.0

medida	*peso*	*alimento*	g
1 xc	120 g	BROTO DE ERVILHA CRU	10.0
1 xc	70 g	BROTO DE SOJA CRU	9.0
1/2 xc	100 g	LENTILHA COZIDA ★	9.0
	50 g	SALMÃO EM LATA	9.0
	250 g	LEITE DE CABRA	9.0
	50 g	PRESUNTO COMUM	9.0
	10 g	GELATINA EM FOLHA	8.5
	30 g	QUEIJO PRATO	8.5
1 xic	250 g	LEITE COM 2% DE GORDURA	8.5
1 xc	180 g	FOLHAS DE BATATA-DOCE COZIDAS	8.5
1 xc	180 g	BREDO/CARURU COZIDO	8.5
1 xc	110 g	BROTO DE TRIGO CRU	8.0
1/2 xc	90 g	GRÃO-DE-BICO COZIDO ★	8.0
1/2 xc	90 g	FEIJÃO-PRETO COZIDO ★	8.0
1 cs	10 g	FARINHA DE PEIXE	8.0
1/2 xc	90 g	ERVILHA PARTIDA COZIDA ★	7.5
	30 g	QUEIJO CHEDDAR	7.5
	30 g	CAVIAR PRETO/VERMELHO	7.5
	30 g	SEMENTES DE ABÓBORA SEM CASCA	7.5
	30 g	MANTEIGA DE AMENDOIM	7.0
	30 g	AMENDOIM TORRADO ★	7.0
1 un	75 g	WAFFLE	7.0
	50 g	MIOLO DE BOI FRITO	6.5
	30 g	QUEIJO ROQUEFORT	6.5
1/2 xc	40 g	AVEIA EM FLOCOS ASSADA ★	6.5
1 xc	250 g	SALADA DE BATATA COM MAIONESE E OVOS	6.5
1 un	50 g	OVO COZIDO	6.5
1 xc	230 g	AVEIA EM FLOCOS COZIDA COM ÁGUA ★	6.0
1 un	50 g	OVO FRITO EM MARGARINA	6.0
	30 g	MANTEIGA DE SEMENTES DE GIRASSOL	6.0
	30 g	SEMENTES DE GIRASSOL TORRADAS ★	6.0
1 un	7 g	GELATINA EM FOLHA	6.0
	100 g	IOGURTE DESNATADO	5.5
	30 g	QUEIJO MINAS/FRESCO/PADRÃO INDUSTRIAL	5.5
	100 g	PINHÃO COZIDO	5.5
	30 g	TAHINE/MANTEIGA DE GERGELIM	5.5
1 xc	180 g	ESPINAFRE COZIDO ★	5.5
	100 g	MACARRÃO DE TRIGO INTEGRAL COZIDO	5.5
1/2 xc	120 g	MOUSSE DE CHOCOLATE	5.5
22 un	30 g	AMÊNDOAS TORRADAS	5.0

►

medida	*peso*	*alimento*	g
	30 g	CASTANHAS DE CAJU TORRADAS	4.5
	30 g	CASTANHAS-DO-PARÁ ★	4.5
1 xc	180 g	AGRIÃO COZIDO ★	4.5
2 cs	30 g	PATÊ DE FÍGADO	4.5
1 un	80 g	PANQUECA DE BATATA	4.5
1/2 xc	130 g	PUDIM DE CHOCOLATE	4.0
	50 g	TOFU/QUEIJO DE SOJA ★	4.0
	30 g	QUEIJO COTTAGE	4.0
2 cs	20 g	SEMENTES DE GERGELIM SECAS ★	3.5
1 un	50 g	PANQUECA DE FARINHA DE TRIGO INTEGRAL	3.5
1/2 xc	90 g	SORVETE CREMOSO	3.5

O que diferencia a proteína dos carboidratos é que, além de carbono, hidrogênio e oxigênio, ela contém também nitrogênio, enxofre e às vezes fósforo, ferro e cobalto. As proteínas são degradadas e ressintetizadas continuamente no processo metabólico; quando há excesso, a parte nitrogenada de sua composição se transforma em uréia, creatinina, ácido úrico e outros que saem pela urina e preocupam quando são em grande quantidade. Se os rins não conseguem eliminar todo o ácido úrico ele se acumula nas juntas e nos tecidos e cristaliza, produzindo aqueles desagradáveis sintomas de gota que doem nas articulações sem aviso prévio. Um pouco de proteína se perde através de fezes, suor, outras secreções, unhas, cabelo e pele descamada. O resto é convertido em gordura e carboidratos e/ou utilizado diretamente como fonte de energia. O corpo não faz reserva de aminoácidos. Ele próprio é um grande reservatório de proteína. Estima-se que existam entre 10.000 e 50.000 tipos de proteína na natureza, dos quais somente 500 foram analisados.

Dos vinte e tantos aminoácidos isolados até agora, oito só podem ser obtidos através dos alimentos: isoleucina, leucina, lisina, metionina, fenilalanina, treonina, triptofano e valina. Por isso são chamados aminoácidos nutricionalmente essenciais. A histidina também é nutricionalmente essencial durante o crescimento, depois deixa de ser. Os aminoácidos restantes são sintetizados no corpo a partir de carboidratos e nitrogênio; têm vários nomes de acordo com suas ramificações, e incluem alanina, ácido aspártico, asparagina, arginina, cisteína, ácido glutâmico, glutamina, glicina, prolina, serina, tirosina. A cisteína e a tirosina podem suprir, respectivamente, 30% das necessidades de metionina e 50% das de fenilalanina, por isso estão ganhando mais status ultimamente.

Dois aminoácidos são ricos em enxofre: cisteína e metionina. Quando metabolizados fornecem ácido sulfúrico, que é desintoxicante. (A cistina é a forma estável da cisteína, portanto ambas podem ser consideradas um só.)

O triptofano é um aminoácido importante para o sistema nervoso: seu encontro com a insulina produz serotonina, neurotransmissor que age como calmante natural. O L-Triptofano em forma de cápsulas, receitado contra depressão, ansiedade, desordens do sono, síndrome pré-menstrual e outras mazelas, é suspeito pelo FDA norte-americano de causar eosinofilia, uma doença do sangue que se faz acompanhar por dores musculares, fraqueza, dor nas juntas, inchaço nos braços e nas pernas, febre e pele seca. As proteínas contêm no mínimo 1% de triptofano, portanto 60 gramas de proteína fornecem 600 mg de triptofano ou 10 NEs (niacina equivalentes). Percentual de triptofano no conteúdo proteico de alguns alimentos: ovos 1.5%, leite 1.4%, carnes 1.1%, grãos, frutas e vegetais 1%.

O ácido glutâmico é fundamental para o cérebro e parece ter uma influência decisiva no processo químico da memória, juntamente com o zinco e as vitaminas B1, B6 e B12. Fontes ricas em ácido glutâmico, em mg/100 gramas: amendoim (6.3), gergelim e germe de trigo (5.0), semente de abóbora (4.3), amêndoa (4.1), castanha-do-pará (3.1), gema de ovo (2.0). Estes alimentos também são ricos em zinco e vitaminas B.

O ácido aspártico tem relação com a resistência à fadiga, principalmente porque ajuda a eliminar amônia do organismo e assim protege o sistema nervoso central. A ornitina e a arginina estão ligadas ao crescimento, à formação dos músculos e à mobilização da gordura para queima. A lisina favorece a imunidade. A fenilalanina, que se transforma em tirosina, é um neurotransmissor que dá origem à norepinefrina e à dopamina, que por sua vez produzem excitação, acuidade e vitalidade. A glicina atua na liberação do glicogênio, favorece os músculos, combate a hiperacidez gástrica.

suplementos *Os aminoácidos podem ser utilizados separadamente com finalidades terapêuticas, mas é fundamental que isso seja feito sob supervisão médica.*

neurotransmissores Mensageiros químicos que influem em todas as nossas reações físicas, mentais, emocionais: respiração, pressão sanguínea, nível de consciência, apetite. Carnes, queijos, feijões e sementes, que são alimentos ricos em proteína, estimulam a produção de dopamina e norepinefrina, neurotransmissores que proporcionam sensações de energia, vivacidade, atenção; cereais, macarrão, pão e doces, que são alimentos ricos em carboidratos, estimulam a produção de serotonina, neurotransmissor que proporciona calma e relaxamento.

smart drugs & drinks Para ter mais energia, inteligência e memória, os yuppies lançaram a moda de tomar drogas e bebidas "espertas". As drogas são preparados químicos indicados para o tratamento de desordens mentais debilitantes, como demência e mal de Parkinson, o que faz muita gente achar que elas vão estimular o funcionamento mental de uma pessoa não-doente. Os smart drinks são qualquer bebida não alcoólica misturada a aminoácidos como taurina, fenilalanina, colina, L-cisteína, a um custo de 3 dólares por dose nos bares de Los Angeles e Nova York. Se funcionam realmente, não se sabe. Mas produzem efeitos colaterais adversos no pâncreas e no intestino, e suspeita-se de que afetem o equilíbrio cerebral.

gordura *lipídeos*

Gordura é o nome genérico de um grupo de substâncias de que o corpo precisa para formar células, criar hormônios, transportar as vitaminas lipossolúveis (A, D, E e K) e manter reservas de energia. Algumas gorduras o organismo produz a partir de proteínas e carboidratos, outras têm que vir da alimentação (ácido linoleico, por exemplo), através de óleos de sementes vegetais. As gorduras podem ser simples, como banha, manteiga (triglicerídeos sólidos) e óleos (triglicerídeos líquidos); podem ser complexas, como as lipoproteínas, os glicolipídeos, os fosfolipídeos; e podem ser derivadas de ambos, com nomes como ácidos graxos, esteróides, glicerol e esterol (como no colesterol). As gorduras têm funções estruturais (por exemplo nas membranas celulares), são fontes de energia para muitos tecidos, formam reservas de energia quando se acumulam em forma de triglicerídeos nos tecidos adiposos, apresentam-se como hormônios sexuais e adrenais, e a vitamina D e a bile são esteróis.

O excesso de gordura causa doenças das mais graves. O grande problema é que ela não se dissolve em água, só em solventes como benzeno, éter e clorofórmio, e isso faz com que se acumule dentro de nós mais do que qualquer outra substância. Em certos alimentos a gordura é óbvia — banha, manteiga, margarina, óleo, gordura em volta das carnes. Noutros, como nozes, castanhas, sementes, a presença é mais sutil. Em carnes magras, vísceras e ovos, mais sutil ainda. Nos grãos, imperceptível — e no entanto é deles que se extrai óleo: de soja, arroz, milho, girassol, amendoim, algodão, gergelim, canola, semente de uva, caroço de azeitona e de algodão. Mas o pior é a gordura realmente invisível, que o corpo fabrica com as sobras de proteínas e carboidratos, sendo que amido e açúcar (pão doce! bolo! biscoito! massas! pudim! sorvete!) lideram a pesquisa do DataGula.

Uma pessoa é gorda porque tem excesso de reservas gordurosas no tecido adiposo que só vão ser mobilizadas numa situação de fome, natural ou planejada. Essa reserva é feita em forma de triglicerídeos, uma combinação de glicerol com três moléculas de ácidos graxos. Quanto mais gordura no corpo, mais probabilidade existe de oxidação, ou seja, ranço, ou seja, produção de radicais livres que destroem a membrana das células. Mas há polêmica sobre a quantidade de gorduras que se pode comer para que essa adiposidade não se torne doentia. Os critérios norte-americanos, que adotamos aqui, dizem que no máximo 30% das calorias diárias devem vir das gorduras. A Organização

Mundial de Saúde estabelece o limite em 35%. Os especialistas da Comunidade Européia revelam que nos países onde há menos doenças cardíacas, 40% das calorias vêm de gorduras. Na Holanda, país europeu com a expectativa mais alta de vida, 48% das calorias são das gorduras. Na África (Massai e Quênia) a proporção sobe a 66% — e com baixíssimos níveis de colesterol no sangue.

De toda forma, o excesso de gordura saturada (geralmente de fontes animais) aumenta o risco de doenças cardiovasculares, enquanto o excesso de gordura insaturada aumenta o risco de câncer. Ou seja, olho nelas...

recomendação diária *Que a ingestão total de gordura represente no máximo 30% do total calórico, e que provenha igualmente de gorduras saturadas, monoinsaturadas e polinsaturadas. Isso dá um total de mais ou menos 50 gramas para mulheres pequenas e/ou sedentárias, 70 gramas para mulheres maiores e/ou mais ativas, e 100-110 gramas para homens fortes e/ou ativos. O patamar seguro: 15 a 20 gramas por dia. Valor calórico: 1 g de gordura = 9 calorias*

os alimentos mais ricos em gordura total

medida	*peso*	*alimento*	*g*
1 ft	180 g	QUICHE LORRAINE	48
1 un	210 g	SANDUÍCHE BIG MAC	32
	100 g	LINGÜIÇA BOVINA/SUÍNA	32
	100 g	SALSICHA BOVINA/SUÍNA	29
	100 g	LOMBO DE PORCO	28
2 cs	13 g	AZEITE DE OLIVA	27
1 xc	250 g	SALADA DE BATATA COM MAIONESE E OVOS	20
1/2 xc	120 g	MOUSSE DE CHOCOLATE	20
	100 g	SALSICHA DE FRANGO	19
	100 g	BOLO DE CARNE MOÍDA	18
	100 g	SALSICHA DE PERU	18
	50 g	BATATA CHIPS	18
	50 g	REQUEIJÃO CREMOSO	17
	50 g	CHOCOLATE MEIO AMARGO	17
2 cs	30 g	MANTEIGA DE AMENDOIM	16
1 un	50 g	BROWNIE COM CASTANHA	16
1/2 un	100 g	ABACATE	15
	30 g	AMENDOIM TORRADO EM ÓLEO	15
	30 g	CASTANHA DE CAJU FRITA	14
1 cs	13 g	ÓLEO DE COCO	14
1 cs	13 g	ÓLEO DE MILHO	14
1 cs	13 g	ÓLEO DE CAROÇO DE ALGODÃO	14
1 cs	13 g	ÓLEO DE AÇAFROA	14
1 cs	13 g	ÓLEO DE GERGELIM	14

►

medida	*peso*	*alimento*	g
1 cs	13 g	ÓLEO DE SOJA	14
1 cs	13 g	ÓLEO DE GIRASSOL	14
1 cs	13 g	ÓLEO DE MANTEIGA DE CACAU	14
1 cs	13 g	AZEITE-DE-DENDÊ	14
1 cs	13 g	ÓLEO DE CANOLA	14
1 cs	13 g	ÓLEO DE NOZES	14
1 cs	13 g	ÓLEO DE AMÊNDOA	14
1 cs	13 g	ÓLEO DE CAROÇO DE ABRICÓ	14
1 cs	13 g	ÓLEO DE GERME DE TRIGO	14
	100 g	ARENQUE EM LATA	14
1 cs	13 g	ÓLEO DE AMENDOIM	14
1 cs	13 g	AZEITE DE OLIVA	14
1 cs	13 g	BANHA DE PORCO	13
1 cs	13 g	GORDURA DE GALINHA	13
1 cs	13 g	GORDURA DE PATO	13
1 cs	13 g	GORDURA DE GANSO	13
1 cs	13 g	ÓLEO DE MANTEIGA/GHEE	13
1 un	80 g	PANQUECA DE BATATA	13
1 un	75 g	WAFFLE	13
1 pç	13 g	BATATA FRITA À FRANCESA	12
1 cs	14 g	MAIONESE DE SOJA	11
1/2 xc	90 g	SORVETE CREMOSO	11
1 cp	300 g	MILKSHAKE DE CHOCOLATE	11
1 cs	13 g	MANTEIGA	11
	100 g	SARDINHA ENLATADA EM ÓLEO	11
1 cs	13 g	MARGARINA	11
3 cs	30 g	PATÊ DE FÍGADO	11
	100 g	PRESUNTO	11
3 ft	20 g	BACON COZIDO	10
2 un	100 g	OVOS MEXIDOS	10
	100 g	CARNE ESCURA DE GALINHA ASSADA	10
1 un	100 g	HAMBURGUER	10
1 ft	120 g	PIZZA	9
1 cp	300 g	MILKSHAKE DE BAUNILHA	9
1 cs	14 g	MOLHO TÁRTARO	8
	100 g	ATUM ENLATADO EM ÓLEO	8
	100 g	BIFE DE FÍGADO DE BOI	8
1/2 xc	130 g	PUDIM DE CHOCOLATE	6
2 xc	20 g	PIPOCA FRITA EM ÓLEO COM SAL	6
1 cs	15 g	CREME DE LEITE HEAVY	6

medida	peso	alimento	g
1 un	100 g	CACHORRO QUENTE	5
	100 g	ATUM FRESCO	5
1 cs	15 g	MAIONESE COMERCIAL	5
1 cs	15 g	CREME DE LEITE LEVE	5
1 cs	15 g	CREME DE LEITE AZEDO	3
1 cs	19 g	COBERTURA DE CHOCOLATE	3
1 un	27 g	PANQUECA DE TRIGO-SARRACENO	3
1 un	50 g	PANQUECA DE FARINHA DE TRIGO INTEGRAL	3
2 cs	40 g	LEITE CONDENSADO DOCE	3
4 un	16 g	BISCOITO WAFER DE BAUNILHA	2
1 xc	240 g	SOPA DE VEGETAIS COM ÁGUA	2
1 un	27 g	CREPE/PANQUECA SEM RECHEIO	1

gordura saturada

A gordura é saturada quando tem muitos átomos de hidrogênio na sua estrutura química, por isso se mantém sólida na temperatura ambiente; é insaturada quando tem poucos átomos de hidrogênio e por isso sua forma é líquida. Saturar significa preencher com hidrogênio os espaços disponíveis na cadeia molecular de uma gordura líquida.

Qualquer óleo que receba átomos de hidrogênio vira gordura vegetal hidrogenada, e com um pouco mais de aditivos se obtém a popular margarina. A margarina teria duas vantagens sobre a manteiga: ausência de colesterol em sua composição e maior estabilidade molecular, isto é, pouca propensão ao ranço e portanto à formação de radicais livres de oxigênio. Ambas as vantagens são falsas. Primeiro porque a formação de colesterol no sangue obedece a outras razões (há animais que não comem nenhum tipo de gordura e têm um nível altíssimo de colesterol no sangue), segundo porque qualquer gordura é passível de oxidação dentro do corpo, seja ela saturada ou não. Detalhe: se você consome margarina regularmente, pode ser que ela faça o seu nível de colesterol no sangue subir! Isso porque quando um óleo é hidrogenado, parte de seus ácidos graxos deixa de ter uma estrutura "cis" e ganha uma estrutura "trans", que causa todo o problema. Portanto, as únicas virtudes da margarina são preço baixo e sabor constante, o que talvez seja pouco para compensar a enorme quantidade de aditivos químicos que ela introduz no sangue.

alimentos e seu teor de gordura saturada

medida	peso	alimento	g
1 ft	180 g	QUICHE LORRAINE	23.0
1/2 xc	40 g	COCO FRESCO RALADO	12.0
1/2 xc	120 g	MOUSSE DE CHOCOLATE	11.5
	100 g	LINGÜIÇA BOVINA/SUÍNA	11.0
	100 g	SALSICHA BOVINA/SUÍNA	11.0
	50 g	CHOCOLATE AMARGO	10.5
3 cs	45 g	CREME DE LEITE	10.5
1 un	210 g	SANDUÍCHE BIG MAC	10.0
	100 g	LOMBO DE PORCO	10.0
	100 g	BOLO DE CARNE MOÍDA	7.0
1 cs	15 g	MANTEIGA COMUM	7.0
1 cp	300 g	MILKSHAKE DE CHOCOLATE	7.0
1/2 xc	90 g	SORVETE CREMOSO	7.0
	30 g	REQUEIJÃO CREMOSO	6.5
	100 g	SALSICHA DE PERU	6.0
	100 g	SALSICHA DE FRANGO	5.5
1 cp	300 g	MILKSHAKE DE BAUNILHA	5.5
3 cs	25 g	CREME DE LEITE BATIDO	5.0
	50 g	BATATAS CHIPS (VALOR DO ÓLEO)	4.5
1 ft	120 g	PIZZA	4.0
1 un	75 g	WAFFLE	4.0
1 xc	250 g	SALADA DE BATATA COM MAIONESE E OVOS	3.5

óleos, banha e gorduras

medida	peso	alimento	g
1 cs	13 g	ÓLEO DE COCO	12.0
1 cs	13 g	AZEITE-DE-DENDÊ	11.0
1 cs	13 g	ÓLEO DE MANTEIGA DE CACAU	8.0
1 cs	13 g	ÓLEO DE MANTEIGA/GHEE	8.0
1 cs	13 g	MANTEIGA	7.0
1 cs	13 g	BANHA DE PORCO	5.0
1 cs	13 g	GORDURA DE PATO	4.0
1 cs	13 g	GORDURA DE GALINHA	4.0
1 cs	13 g	GORDURA DE GANSO	3.5
1 cs	13 g	ÓLEO DE CAROÇO DE ALGODÃO	3.5
1 cs	13 g	ÓLEO DE GERME DE TRIGO	2.5
1 cs	13 g	ÓLEO DE AMENDOIM	2.5
1 cs	13 g	MARGARINA	2.0

medida	peso	alimento	g
1 cs	13 g	ÓLEO DE SOJA	2.0
1 cs	13 g	ÓLEO DE GERGELIM ★	2.0
1 cs	13 g	AZEITE DE OLIVA ★	2.0
1 cs	13 g	ÓLEO DE MILHO	2.0
1 cs	13 g	ÓLEO DE GIRASSOL	1.5
1 cs	13 g	ÓLEO DE AÇAFROA	1.5
1 cs	13 g	ÓLEO DE NOZES	1.5
1 cs	13 g	ÓLEO DE AMÊNDOA	1.0
1 cs	13 g	ÓLEO DE CANOLA	1.0
1 cs	13 g	ÓLEO DE CAROÇO DE ABRICÓ	1.0

gordura insaturada

A gordura insaturada pode ser monoinsaturada ou polinsaturada. Esta, que contém ácidos graxos muito necessários, é fundamental à dieta porque não pode ser produzida dentro do corpo a partir de outros alimentos. Um desses ácidos é o linoleico, da família do omega 6, aquele com dezoito carbonos e duas cadeias insaturadas (C18:2n-6), assíduo nos óleos de cereais, feijões e outros vegetais que chamamos simplificadamente de grãos.

alimentos e seu teor de gordura monoinsaturada

medida	peso	alimento	g
1 un	210 g	SANDUÍCHE BIG MAC	21.0
1 ft	180 g	QUICHE LORRAINE	18.0
	100 g	LINGÜIÇA BOVINA/SUÍNA	15.0
	100 g	SALSICHA BOVINA/SUÍNA	14.0
	100 g	LOMBO DE PORCO	13.0
6 un	110 g	GALINHA FRITA	10.5
1 cs	13 g	AZEITE DE OLIVA ★	10.0
1/2 un	100 g	ABACATE	9.5
	30 g	CASTANHAS DE CAJU TORRADAS EM ÓLEO	8.5
	100 g	SALSICHA DE FRANGO	8.5
1 pç	70 g	BATATAS FRITAS À FRANCESA	8.5
	100 g	BOLO DE CARNE MOÍDA	8.0
2 cs	30 g	MANTEIGA DE AMENDOIM	7.5
	100 g	ARENQUE ENLATADO	7.5
	30 g	AMENDOIM TORRADO EM ÓLEO	7.5
	50 g	BROWNIES COM CASTANHAS	7.0

►

medida	peso	alimento	g
	50 g	CHOCOLATE AMARGO	6.0
	100 g	SALSICHA DE PERU	6.0
1 xc	250 g	SALADA DE BATATA COM MAIONESE E OVOS	6.0
1/2 xc	120 g	MOUSSE DE CHOCOLATE	6.0
1 un	80 g	PANQUECA DE BATATA	5.5
1 un	75 g	WAFFLE	5.0
1 un	100 g	HAMBURGUER	5.0
2 un	100 g	OVOS MEXIDOS	5.0
	100 g	PRESUNTO COMUM	5.0
3 cs	45 g	CREME DE LEITE	5.0
3 ft	20 g	BACON COZIDO	5.0

óleos, banha e gorduras

medida	peso	alimento	g
1 cs	13 g	AZEITE DE OLIVA ★	10.0
1 cs	13 g	ÓLEO DE AMÊNDOA	9.5
1 cs	13 g	ÓLEO DE CAROÇO DE ABRICÓ	8.0
1 cs	13 g	ÓLEO DE CANOLA	8.0
1 cs	13 g	GORDURA DE GANSO	7.0
1 cs	13 g	GORDURA DE PATO	6.5
1 cs	13 g	ÓLEO DE AMENDOIM	6.5
1 cs	13 g	BANHA DE PORCO	6.0
1 cs	13 g	GORDURA DE GALINHA	6.0
1 cs	13 g	ÓLEO DE GERGELIM ★	5.5
1 cs	13 g	ÓLEO DE MANTEIGA DE CACAU	4.5
1 cs	13 g	ÓLEO DE MANTEIGA/GHEE	4.0
1 cs	13 g	MARGARINA	4.0
1 cs	13 g	MANTEIGA	3.5
1 cs	13 g	ÓLEO DE MILHO	3.5
1 cs	13 g	ÓLEO DE SOJA	3.0
1 cs	13 g	ÓLEO DE NOZES	3.0
1 cs	13 g	ÓLEO DE GIRASSOL	3.0
1 cs	13 g	ÓLEO DE CAROÇO DE ALGODÃO	2.5
1 cs	13 g	ÓLEO DE GERME DE TRIGO	2.0
1 cs	13 g	ÓLEO DE AÇAFROA	2.0
1 cs	13 g	AZEITE-DE-DENDÊ	1.5
1 cs	13 g	ÓLEO DE COCO	1.0

alimentos e seu teor de gordura polinsaturada

medida	peso	alimento	g
1 xc	250 g	SALADA DE BATATA COM MAIONESE E OVOS	9.5
1 pç	50 g	BATATA CHIPS	9.0
1 cs	14 g	MAIONESE DE SOJA	5.5
	100 g	SARDINHAS ENLATADAS EM ÓLEO	5.0
	100 g	SALSICHA DE PERU	5.0
	30 g	AMENDOIM TORRADO EM ÓLEO	5.0
2 cs	30 g	MANTEIGA DE AMENDOIM	5.0
	100 g	SALSICHA DE FRANGO	4.0
1 ft	180 g	QUICHE LORRAINE	4.0
1 cs	14 g	MOLHO TÁRTARO	4.0

óleos, banha e gorduras

medida	peso	alimento	g
1 cs	13 g	ÓLEO DE AÇAFROA	10.0
1 cs	13 g	ÓLEO DE GIRASSOL	9.0
1 cs	13 g	ÓLEO DE NOZES	9.0
1 cs	13 g	ÓLEO DE GERME DE TRIGO	8.5
1 cs	13 g	ÓLEO DE MILHO	8.0
1 cs	13 g	ÓLEO DE SOJA	8.0
1 cs	13 g	ÓLEO DE CAROÇO DE ALGODÃO	7.0
1 cs	13 g	ÓLEO DE GERGELIM ★	6.0
1 cs	13 g	MARGARINA CREMOSA	5.0
1 cs	13 g	ÓLEO DE AMENDOIM	4.5
1 cs	13 g	ÓLEO DE CANOLA	4.0
1 cs	13 g	ÓLEO DE CAROÇO DE ABRICÓ	4.0
1 cs	13 g	GORDURA DE GALINHA	3.0
1 cs	13 g	MARGARINA EM TABLETE	2.5
1 cs	13 g	ÓLEO DE AMÊNDOA	2.5
1 cs	13 g	GORDURA DE PATO	2.0
1 cs	13 g	BANHA DE PORCO	1.5
1 cs	13 g	GORDURA DE GANSO	1.5
1 cs	13 g	AZEITE DE OLIVA ★	1.0
1 cs	13 g	ÓLEO DE MANTEIGA/GHEE	.5
1 cs	13 g	MANTEIGA	.5
1 cs	13 g	ÓLEO DE MANTEIGA DE CACAU	.5
1 cs	13 g	ÓLEO DE COCO	.3
1 cs	13 g	AZEITE-DE-DENDÊ	.2

polinsaturados e seu teor de vitamina e

É a vitamina certa no lugar certo: antioxidante, a vitamina E impede a rancificação da gordura de que faz parte.

recomendação diária para vitamina e 8 a 11 mg

medida	*peso*	*alimento*	*mg*
1 cs	13 g	ÓLEO DE GERME DE TRIGO	35.0
1 cs	13 g	ÓLEO DE SOJA	13.0
1 cs	13 g	ÓLEO DE MILHO	12.0
1 cs	13 g	ÓLEO DE CAROÇO DE ALGODÃO	9.0
1 cs	13 g	ÓLEO DE CAROÇO DE ABRICÓ	7.0
1 cs	13 g	ÓLEO DE GIRASSOL	7.0
1 cs	13 g	ÓLEO DE AMÊNDOA	5.5
1 cs	13 g	AZEITE-DE-DENDÊ	5.0
1 cs	13 g	ÓLEO DE AÇAFROA	5.0
1 cs	13 g	ÓLEO DE NOZES	4.5
1 cs	13 g	ÓLEO DE GERGELIM ★	4.0
1 cs	13 g	ÓLEO DE AMENDOIM	3.5
1 cs	13 g	ÓLEO DE CANOLA	3.0
1 cs	13 g	ÓLEO DE MANTEIGA DE CACAU	2.5
1 cs	13 g	AZEITE DE OLIVA ★	1.5
1 cs	13 g	MARGARINA CREMOSA	1.5
1 cs	13 g	MARGARINA EM TABLETE	1.0
1 cs	13 g	ÓLEO DE COCO	.5
1 cs	13 g	ÓLEO DE MANTEIGA/GHEE	.5
1 cs	13 g	GORDURA DE GALINHA	.5
1 cs	13 g	GORDURA DE PATO	.5
1 cs	13 g	GORDURA DE GANSO	.5
1 cs	13 g	MANTEIGA	.2
1 cs	13 g	BANHA DE PORCO	.2

colesterol

O colesterol não existe nos vegetais, é uma gordura exclusiva do organismo animal e essencial a ele, já que é matéria-prima de hormônios sexuais, ácidos biliares e membranas das células. Concentradíssimo no cérebro, onde cada celulazinha é protegida por uma camada de colesterol. Uma substância importante, como se vê. Mas não um nutriente importante, porque nós mesmos o fabricamos —

o fígado libera diariamente para a bile de 0.5 a 1.0 g de colesterol (íntegro ou transformado em ácidos biliares), que cumpre sua função e depois é eliminado pelas fezes.

recomendação diária *Menos de 300 mg por dia. Dosagem diária segura: 200 a 240 mg*

alimentos e seu teor de colesterol

medida	*peso*	*alimento*	*mg*
1 ft	180 g	QUICHE LORRAINE	280
	50 g	BIFE DE FÍGADO DE BOI	240
	100 g	CAMARÃO FRESCO	195
1 un	50 g	OVO FRITO NA MARGARINA	210
1 un	16 g	GEMA DE OVO CRUA/COZIDA ★	210
1 un	50 g	OVO COZIDO	210
1 un	50 g	OVO MEXIDO	200
1/2 xc	120 g	MOUSSE DE CHOCOLATE	170
1 xc	250 g	SALADA DE BATATA COM MAIONESE E OVOS	170
	100 g	LINGÜIÇA BOVINA/SUÍNA	160
	100 g	SARDINHA ENLATADA EM ÓLEO	140
	100 g	CORVINA COZIDA	110
1 un	210 g	SANDUÍCHE BIG MAC	110
	100 g	LOMBO DE PORCO	100
	100 g	SALSICHA DE FRANGO	100
1 un	75 g	WAFFLE	100
	100 g	CARNE MOÍDA ASSADA	100
	100 g	ARENQUE ENLATADO	100
	100 g	CARNE ESCURA DE GALINHA ASSADA	90
	100 g	SALSICHA DE PERU	90
1 un	80 g	PANQUECA DE BATATA	90
1/2 xc	90 g	SORVETE CREMOSO	80
2 cs	30 g	PATÊ DE FÍGADO	70
	100 g	CARPA CRUA	70
	100 g	ANCHOVA GRELHADA/COZIDA	60
3 cs	45 g	CREME DE LEITE	60
	100 g	ANCHOVA CRUA	60
	100 g	BAGRE CRU	60
	100 g	PRESUNTO COMUM	60
6 un	110 g	GALINHA FRITA	60
1 ft	120 g	PIZZA	60
	100 g	SALSICHA BOVINA/SUÍNA	50

►

medida	peso	alimento	mg
	100 g	VERMELHO/PARGO COZIDO ★	50
	100 g	NAMORADO À MILANESA ★	50
	50 g	BROWNIES COM CASTANHAS	50
	30 g	REQUEIJÃO CREMOSO	40
	100 g	ATUM FRESCO ★	40
	100 g	VERMELHO/PARGO CRU ★	40
1 un	100 g	HAMBURGER	40
1 cp	300 g	MILKSHAKE DE CHOCOLATE	40
1 cp	300 g	MILKSHAKE DE BAUNILHA	30
1 un	50 g	PANQUECA DE FARINHA DE TRIGO INTEGRAL	30
3 cs	25 g	CREME DE LEITE BATIDO	30
	100 g	ATUM ENLATADO EM ÓLEO	20
3 ft	20 g	BACON COZIDO	20
1 cs	15 g	CREME DE LEITE GROSSO	20

óleos, banha e gorduras

medida	peso	alimento	mg
1 cs	13 g	ÓLEO DE MANTEIGA/GHEE	30
1 cs	13 g	MANTEIGA COMUM COM SAL	30
1 cs	13 g	MANTEIGA SEM SAL	30
1 cs	13 g	GORDURA DE PATO	10
1 cs	13 g	GORDURA DE GANSO	10
1 cs	13 g	BANHA DE PORCO	10
1 cs	13 g	GORDURA DE GALINHA	10

Quando aumenta a oferta de colesterol via comida a produção interna diminui; mesmo assim é muito freqüente encontrarmos no sangue uma taxa de colesterol superior à desejável, porque a alimentação comum é rica demais em gorduras saturadas, carnes gordas, ovos, queijos cremosos, e a presença de gordura saturada estimula a produção de colesterol pelo fígado.

Por outro lado, como metade das membranas das células é feita de colesterol, uma taxa muito baixa pode afetar toda a performance biológica e acentuar a predisposição a cirrose, hemorragia intracraniana, câncer de pulmão e de fígado. O corpo humano contém cerca de 250 g de colesterol. Pesquisas recentes apontam que a taxa ideal de colesterol no sangue é de 200-220 mg/dl, e que se 240 mg é muito, quem tem uma taxa de 160 mg/dl deveria pensar em aumentá-la.

Na verdade, o excesso de colesterol no sangue pode não ser derivado da gordura que se come. O cientista Linus Pauling, ganhador de dois prêmios Nobel, em seu livro Como Viver Mais e Melhor, sustenta que as doenças coronárias se devem mais ao alto teor de sacarose na dieta do que ao colesterol consumido — porque o colesterol não chega como tal à corrente sanguínea, mas a sacarose, ao se decompor em frutose, dá origem ao acetato, um precursor do colesterol que sintetizamos em nossas células. Pauling cita muito o Dr. John Yudkin, professor emérito de fisiologia e nutrição na Universidade de Londres, autor de vários documentos sobre a relação entre açúcar e doenças, e aponta um estudo clínico confiável (Milton Winitz e colaboradores, 1964 e 1970) que comprova a elevação da taxa de colesterol no sangue quando se consome sacarose e portanto frutose. Segundo Pauling, tudo indica que a enorme incidência de doenças coronárias neste século resulta da incapacidade do organismo para eliminar o excesso de frutose convertida em colesterol.

A absorção de colesterol dos alimentos é de aproximadamente 50% da oferta.

Duas siglas misteriosas acompanham o colesterol nas conversas de sala de espera: LDL, que significa Low Density Lipoprotein, lipoproteína de baixa densidade, e HDL, que é High Density Lipoprotein, lipoproteína de alta densidade. Referem-se ao tipo de proteína envolvida no transporte do colesterol pelo sangue, e não ao colesterol dos alimentos, que é sempre o mesmo. O LDL é chamado de mau colesterol — serve para construir as células e deixa resíduos nas paredes das artérias, enquanto o HDL — o bom colesterol — recolhe esses resíduos e leva para o fígado, onde são reprocessados ou eliminados. Supõe-se que níveis mais altos de HDL garantam a limpeza das artérias coronárias. Certas gorduras, como a lecitina, aumentam o nível de HDL.

como reduzir sua taxa de colesterol? *Antes de mais nada, lembre-se de que não é só comida que aumenta o nível de colesterol no sangue: tensão, café, cigarro, açúcar, gordura saturada, anticoncepcionais orais e alguns aditivos alimentares, como o BHT, podem influir mais do que um ovo frito na manteiga.*

evite comer *fígado, rins, miolo, gema de ovo e doces feitos com açúcar, mel e frutose*

escolha carnes magras, *peixes de carne branca, peito de frango sem pele nem gordura*

use leite desnatado *e queijos de baixo teor de gordura, como cottage, ricota e minas desnatado (isto é, se você não for alérgico nem tiver intolerância à lactose)*

use óleo de milho e de oliva *em vez de manteiga, banha e gordura vegetal hidrogenada/margarina*

coma carboidratos complexos: *cereais, feijões, pães e massas integrais, vegetais e frutas*

inclua no cardápio *alho, cebola, berinjela, cenoura, feijões, maçã, laranja em gomos e iogurte (se você não for alérgico a leite)*

e ande a pé *6 km por dia!*

água

A água é uma prioridade para o organismo, mais do que qualquer outro nutriente. Isso porque somos feitos em grande parte de água, porque é no meio líquido que se dão todas as sínteses, porque a água dilui os resíduos metabólicos e toxinas para que sejam eliminados pelos rins, porque faz incharem as fibras dietéticas no intestino para facilitar a evacuação, porque fornece a umidade necessária aos pulmões e ainda porque refresca o corpo quando evapora através da pele. Todos esses porquês são mero detalhe: o importante é que o mecanismo da sede funcione para garantir o reabastecimento. Mas há pessoas em que esse mecanismo falha, principalmente as idosas, que podem não sentir sede mesmo quando precisam muito de água. A carência de água pode resultar em acúmulo de toxinas, prisão de ventre, mau funcionamento de todos os órgãos, problemas respiratórios e exaustão calórica com perda de consciência.

recomendação diária 1.5 ml de água para cada caloria, ou seja, 3000 ml/3 litros para 2000 calorias, incluindo a água dos alimentos. Como medida prática, considere beber 8 copos de água por dia. Na gravidez a necessidade de água é ligeiramente maior; no período de amamentação a mãe precisa beber um litro a mais por dia.

O corpo humano contém de 50% a 80% de água, distribuída pelas células e pelos fluidos corporais. Isso dá 40 a 44 litros de água, dos quais 27 formarão líquidos intracelulares, 10 serão líquidos extracelulares e 2 a 3 litros estarão no plasma sanguíneo. Essa água se renova o tempo todo. Adultos perdem diariamente cerca de 4% do peso corporal em água, e crianças 15%, de formas óbvias como a urina e o suor e sutis como a respiração. A perda aumenta em quadros de diarréia, em temperatura ou altitude elevadas e quando o ar é seco.

Mas nem toda água é o que parece. Muitas das comidas sólidas, como por exemplo as frutas, contêm de 85 a 95% de água. E ainda existe a água endógena, que se forma no organismo em conseqüência da oxidação de gorduras, amidos e proteínas: 100 g de cada um deles fornecem, respectivamente, 107 g, 55 g e 41 g de água. Assim, em média, 1.5 litros da água nossa de cada dia vêm das bebidas, 500 ml vêm dos alimentos e de 300 a 500 ml resultam da oxidação dos alimentos. Quanto às perdas, 400 a 500 ml saem pelos pulmões, outro tanto através da pele, 100 ml com as fezes e 1 a 1.8 litros viram urina.

Ferver esteriliza a água e ajuda a retirar o cloro adicionado por motivos sanitários. Outro método de esterilização total da água, desenvolvido na Universidade da Jordânia e divulgado pela Unicef, é a exposição da água — qualquer uma, mesmo de vala — aos raios solares pelo período de um dia, com tempo nublado, ou 3 horas, quando o sol está forte e a pino; a radiação ultravioleta elimina 100% dos germes, bactérias e microrganismos. O recipiente deve ser de vidro ou plástico transparente, branco ou azulado (mas não azul escuro, verde ou marrom: estes impedem a entrada dos raios solares). Pode ser até um saco plástico.

A água é classificada como dura ou mole. Água dura tem um conteúdo maior de cálcio, magnésio e minerais-traço, e pode dissolver elementos potencialmente tóxicos como chumbo e cádmio provenientes dos canos e das rochas. A água mole é mais ácida, e sua tendência é justamente a de trazer para o consumo mais chumbo, cobre e outros metais pesados que retira dos encanamentos por contato.

calorias

Calorias isto, calorias aquilo, calorias não engordam, ai minhas calorias: afinal, que coisa é essa? Não, não é nutriente. É nada mais do que uma medida, assim como hora, metro, juro de 12% ao ano. Uma caloria (quilocaloria, kcal ou cal) é a quantidade de energia necessária para aumentar a temperatura de um quilo de água em um grau centígrado, por exemplo de 25 para 26 graus, na pressão atmosférica normal. Só que o corpo não é uma chaleira, dirá você. Claro que não. Mas funciona à base de energia, e energia = calor. Carboidratos, proteínas, gordura e álcool são os macronutrientes oxidados pelo corpo para produzir a energia que move a máquina, isto é, que sintetiza proteína, mantém a temperatura interna, o ritmo cardíaco, a respiração, a atividade muscular e todo o resto. Quando as calorias que você consome são iguais às que dispende, tudo bem; quando são menores, você sente falta de energia; quando são maiores, normalmente acontece engordar. Engordar é aumentar a reserva de energia em forma de tecido gorduroso. Por isso é que, para emagrecer, é preciso consumir alimentos de baixa caloria: assim o corpo vai utilizar as reservas — e o peso, supõe-se, voltará ao normal.

Cada grama de carboidrato ou proteína fornece 4 calorias. Cada grama de álcool fornece 7 calorias. Cada grama de gordura, 9 calorias. O excesso de carboidratos, proteína e álcool é transformado em gordura e vai para o estoque. Interessante saber que a maior parte das calorias, 95%, é gasta sem que se faça qualquer esforço; e pessoas muito ansiosas ou excitadas podem gastar muito mais ou muito menos calorias para a manutenção do corpo, ficando naquela situação de comer pouco e engordar muito ou comer muito e não engordar nada. Detalhe cavernoso: estudos minuciosos feitos com 750.000 pessoas mostram que as mortes por câncer são significativamente elevadas entre homens e mulheres cujo peso é 40% acima da média.

recomendação diária *Uma complicada equação leva em conta idade, peso, altura e tipo de atividade de cada pessoa, indicando 2000 a 3000 calorias diárias para homens de 10 a 50 anos e em torno de 2200 calorias diárias para mulheres na mesma faixa etária; após os 50 anos a necessidade calórica diminui. Entretanto, como a comida com mais fibras, menos gordura e menos açúcar é mais saudável, costuma ocorrer que pessoas muito bem alimentadas tenham um padrão calórico bem inferior ao indicado. Para conseguir isso, faça sua escolha de alimentos aliando um alto teor de nutrientes a um baixo teor calórico. Se a sua dieta se baseia em contagem de calorias, procure selecionar os alimentos classificados com + e evitar os que têm -. Assim estará garantindo a qualidade da dieta e terá muito mais chance de sucesso. A fome oculta que se instala se você come alimentos fracos acaba levando ao aumento de peso, pois o organismo estará constantemente buscando uma satisfação nutricional que nunca vem. E não se iluda achando que proteínas engordam menos que carboidratos, pois, grama por grama, ambos fornecem o mesmo tanto de calorias. Com uma desvantagem para as proteínas: sua transformação em energia deixa muito mais toxinas metabólicas que a transformação dos carboidratos.*

critérios

+/+ Alimentos ótimos, cujo alto teor de micronutrientes e fibras os torna essenciais à dieta humana

+ Alimentos bons, relativamente ricos em micronutrientes e fibras

+/- Alimentos médios, relativamente ricos em micronutrientes e/ou fibras mas prejudicados por sua tendência a oxidar antes de serem consumidos, fermentar nos intestinos e/ou ter valor calórico elevado e aditivos químicos

- e -/- Alimentos fracos, pobres em micronutrientes e fibras, ricos em açúcar e/ou gordura, de teor calórico muito elevado, cujo consumo freqüente pode gerar carências nutricionais

Os laticínios receberam a classificação +/- devido à presença de aditivos químicos, potencial alergênico e de formação de muco. Os queijos mais calóricos são excessivamente gordurosos; cottage, ricota e minas e iogurte semidesnatado são os mais leves.

os alimentos e seu teor de calorias

medida	*peso*	*alimento*	*cal*
1 ft	180 g	QUICHE LORRAINE +/-	600
1 un	210 g	SANDUÍCHE BIG MAC -	560
	140 g	ADLAI/LÁGRIMA-DE-NOSSA-SENHORA COZIDO +/+	530
1 xc	120 g	FARINHA DE GLÚTEN +/-	530
	140 g	QUÍNOA/AMARANTO +/+	500
1 xc	120 g	FUBÁ DE MILHO +/-	420
1 xc	130 g	FARINHA DE CENTEIO INTEGRAL +/-	410
1 xc	120 g	FARINHA DE TRIGO INTEGRAL +/-	410
1 cp	300 g	MILKSHAKE DE CHOCOLATE -	380
1 un	100 g	SANDUÍCHE DE LINGÜIÇA -	370
	100 g	COSTELETA DE PORCO NA CHAPA +/-	370
1 xc	85 g	FARINHA DE SOJA INTEGRAL +/-	370
1 un	150 g	SANDUÍCHE DE PRESUNTO E QUEIJO -	360
1 xc	100 g	FARINHA DE CENTEIO MÉDIA +/-	360
	100 g	LINGÜIÇA -	360
1 xc	250 g	SALADA DE BATATA COM MAIONESE E OVOS +/-	360
1 xc	150 g	SORVETE DE CREME -/-	350
1 un	100 g	SANDUÍCHE DE QUEIJO QUENTE -	340
1 xc	100 g	FARINHA DE TRIGO-SARRACENO ★ +/-	340
	100 g	ENGUIA DEFUMADA -	330
1 cp	300 g	MILKSHAKE DE BAUNILHA -	330
	100 g	SALSICHA BOVINA/SUÍNA -	320
	100 g	T-BONE STEAK +	300
1/2 xc	60 g	GRANOLA +	300
1 xc	250 g	MACARRÃO COM MOLHO DE CARNE +/-	300
	100 g	PINHÃO COZIDO +	300
1 un	100 g	SANDUÍCHE DE SALADA DE GALINHA -	300
	100 g	PERNIL ASSADO +/-	290
1 ft	120 g	PIZZA MUSSARELA -/-	290
	100 g	CACHORRO QUENTE/SALSICHA -/-	290
1 un	100 g	SANDUÍCHE DE SALADA DE OVOS -	290
	100 g	BOLO DE CARNE MOÍDA +/-	290
	50 g	AMÊNDOAS COBERTAS POR CHOCOLATE +/-	280
	70 g	TREMOÇOS PREPARADOS +	280
1 xc	240 g	PAINÇO COZIDO ★ +/+	280
	100 g	LÍNGUA DE BOI COZIDA +	280
	50 g	AMENDOIM COBERTO POR CHOCOLATE +/-	280
1/2 xc	120 g	LEITE DE COCO CRU +/-	280

►

medida	*peso*	*alimento*	*cal*
	50 g	CHIPS DE MILHO	270
1 un	100 g	CHEESEBURGER -	270
	50 g	CHOCOLATE AO LEITE COM AMÊNDOAS -	270
1 un	100 g	SANDUÍCHE DE SALADA DE ATUM -	270
	100 g	ARENQUE EM CONSERVA +/-	260
	100 g	BIFE DE CARNE MAGRA DE BOI +	260
	100 g	CAVALA/CAVALINHA +	260
1 xc	250 g	MACARRÃO COM MOLHO DE TOMATE E QUEIJO +/-	260
	50 g	BATATA CHIPS -	260
1 xc	200 g	ARROZ BRANCO COZIDO -	260
1/2 xc	40 g	COCO RALADO DESIDRATADO -	260
1 un	100 g	HAMBURGUER -	260
	100 g	SALSICHA DE FRANGO -	260
1 ft	70 g	BOLO DE CENOURA COM COBERTURA -	250
4 un	50 g	PÊSSEGOS SECOS +	250
	50 g	CHOCOLATE MEIO-AMARGO -	250
4 un	50 g	COOKIE DE AVEIA COM PASSAS +/-	250
	100 g	SARDINHA ENLATADA EM ÓLEO +/-	250
2 cs	27 g	ÓLEO DE GERGELIM ★ +/+	240
2 cs	27 g	ÓLEO DE AÇAFROA +	240
2 cs	27 g	ÓLEO DE SOJA +	240
2 cs	27 g	ÓLEO DE GIRASSOL +	240
2 cs	27 g	ÓLEO DE AMÊNDOA +	240
2 cs	27 g	ÓLEO DE MILHO +	240
2 cs	27 g	ÓLEO DE CAROÇO DE ALGODÃO	240
2 cs	27 g	ÓLEO DE GERME DE TRIGO +	240
2 cs	27 g	AZEITE DE OLIVA ★ +/+	240
2 cs	27 g	ÓLEO DE AMENDOIM +	240
	50 g	BROWNIE COM CASTANHA -	240
	50 g	CHIPS DE INHAME -	240
1 ft	70 g	BOLO DE CHOCOLATE COM COBERTURA -/-	240
1 un	60 g	CROISSANT -	240
1 un	75 g	WAFFLE -	240
1 un	80 g	PANQUECA DE BATATA +/-	240
1/2 xc	120 g	MOUSSE DE CHOCOLATE -	230
1 un	100 g	SANDUÍCHE DE ROSBIFE +/-	230
	100 g	SALSICHÃO -	230
	100 g	SALSICHÃO DE PERU -	230
2 cs	27 g	ÓLEO DE MANTEIGA/GHEE +	220
1 un	100 g	SANDUÍCHE DE PEITO DE PERU +/-	220

medida	*peso*	*alimento*	*cal*
1 pç	70 g	BATATA FRITA À FRANCESA	220
1/2 xc	200 g	ARROZ INTEGRAL COZIDO ★ +/+	220
	100 g	SALMÃO ASSADO/GRELHADO +	220
1 un	100 g	SANDUÍCHE DE PRESUNTO	220
1 xc	110 g	BROTO DE TRIGO CRU +/-	210
	30 g	MACADAMIA +	210
	50 g	SALAME BOVINO/SUÍNO -	210
1 un	100 g	SANDUÍCHE DE PRESUNTO DE PERU -	210
	100 g	ANCHOVA À MILANESA +/-	210
2 cs	30 g	MANTEIGA -	210
	100 g	CARNE ESCURA DE GALINHA ASSADA +	210
	50 g	CHOCOLATE COM PASSAS -	200
	100 g	ARENQUE ASSADO/GRELHADO +	200
	100 g	CARNE DE PATO ASSADA +	200
1 xc	200 g	CEVADA INTEGRAL COZIDA +/+	200
	30 g	NOZES PECÃS +	200
4 un	40 g	BISCOITO RECHEADO/QUALQUER TIPO -/-	200
	100 g	ATUM ENLATADO EM ÓLEO +/-	200
4 un	40 g	COOKIE DE CHOCOLATE -	200
	100 g	PEITO DE GALINHA ASSADO COM PELE +/-	200
	30 g	CASTANHA-DO-PARÁ ★ +	200
1/2 xc	50 g	FARINHA DE ROSCA -	200
1 ft	70 g	BOLO COMUM -	200
	100 g	MIOLO DE BOI COZIDO +/-	200
1 xc	130 g	INHAME COZIDO ★ +	190
1 xc	160 g	CEVADA PEROLADA COZIDA ★ +/+	190
	30 g	NOZES +	190
	100 g	NAMORADO À MILANESA +/-	190
2 cs	30 g	MANTEIGA DE AMENDOIM +/-	190
	30 g	AVELÃS +	190
2 ft	60 g	PÃO BRANCO MACIO TOSTADO -	190
	100 g	CARNE ESCURA DE PERU ASSADA +	190
2 cs	30 g	MANTEIGA DE SEMENTES DE GIRASSOL +/-	190
1/2 xc	130 g	PUDIM DE CHOCOLATE -	190
	30 g	SEMENTES DE GIRASSOL FRITAS ★ +/-	180
1 xc	240 g	PURÊ DE BATATA SIMPLES ★ +	180
1 xc	140 g	MACARRÃO DE MASSA VERDE +/-	180
	100 g	PRESUNTO COMUM -	180
2 cs	30 g	TAHINE/MANTEIGA DE GERGELIM +/-	180
	30 g	PISTACHE TORRADO +	180

►

medida	*peso*	*alimento*	*cal*
1 xc	160 g	MILHO EM GRÃO COZIDO +/+	180
22 un	30 g	AMÊNDOAS TORRADAS +	180
	30 g	AMENDOIM TORRADO ★ +	180
	30 g	SEMENTES DE GIRASSOL TORRADAS ★ +	170
1/2 xc	50 g	BANANA-PASSA ★ +	170
	100 g	CARNE BRANCA DE GALINHA +	170
1 xc	140 g	MACARRÃO INTEGRAL COZIDO +/-	170
1 xc	240 g	FLOCOS DE TRIGO COZIDOS +	170
20 un	30 g	CASTANHA DE CAJU TORRADA +	170
1 xc	250 g	LEITE HUMANO +/+	170
	30 g	SEMENTES DE GIRASSOL SECAS ★ +	170
1 xc	250 g	LEITE DE CABRA +/-	170
1 xc	250 g	SOPA DE ERVILHA COM ÁGUA ★ +	170
1 xc	160 g	ARROZ SELVAGEM/PRETO +/+	170
1 un	60 g	PÃO ÁRABE -	170
	100 g	HALIBUT ASSADO +	160
	70 g	AMENDOIM COZIDO ★ +	160
	100 g	PEITO DE GALINHA ASSADO SEM PELE +	160
	30 g	SEMENTES DE ABÓBORA SECAS +	160
1 un	150 g	BATATA-DOCE COZIDA +	160
1/2 un	100 g	ABACATE +	160
	100 g	ANCHOVA ASSADA/GRELHADA +	160
	50 g	SALSICHA BOVINA/SUÍNA -	160
	50 g	MORTADELA BOVINA/SUÍNA -	160
2 ft	60 g	PÃO DE AVEIA ★ +/-	160
	100 g	PRESUNTO MAGRO +/-	160
1 xc	120 g	BROTO DE ERVILHA CRU +/-	150
	100 g	COELHO ASSADO +	150
1/2 xc	65 g	DAMASCOS SECOS +	150
3 cs	45 g	CREME DE LEITE INTEGRAL -	150
2 ft	60 g	PÃO SEMI-INTEGRAL -	150
1 xc	180 g	TRIGUILHO COZIDO +/+	150
	100 g	TRUTA ARCO-ÍRIS ASSADA/GRELHADA +	150
1 xc	250 g	LEITE INTEGRAL — 3.3% GORDURA +/-	150
2 ft	60 g	PUMPERNICKEL +/-	150
1/2 xc	85 g	SOJA COZIDA +/-	150
2 ft	60 g	PÃO DE CENTEIO +/-	150
2 ft	60 g	PÃO DE TRIGO INTEGRAL +/-	150
1 un	45 g	BROA DE MILHO COM LEITE E OVO +/-	150
1/2 gf	350 g	CERVEJA COMUM -	150

medida	peso	alimento	cal
1 xc	230 g	AVEIA EM FLOCOS COZIDA COM ÁGUA ★ +/+	150
1 cp	100 g	VINHO DE SOBREMESA DOCE -	150
1 gf	350 g	REFRIGERANTE TIPO COLA -/-	140
1 un	50 g	PÃOZINHO FRANCÊS -	140
	100 g	ATUM FRESCO +	140
1/2 xc	40 g	COCO FRESCO RALADO +/-	140
	100 g	CARNE BRANCA DE PERU ASSADA +	140
	100 g	OSTRAS COZIDAS +	140
	30 g	QUEIJO PARMESÃO RALADO +/-	140
	30 g	SOJA TORRADA +/-	140
1/2 xc	80 g	GRÃO-DE-BICO COZIDO ★ +	130
	30 g	SEMENTES DE ABÓBORA TORRADAS +	130
3 un	45 g	SALSICHA VIENA EM LATA -/-	130
	100 g	CODORNA DESOSSADA +	130
	100 g	HALIBUT GRELHADO +	130
	100 g	CORVINA COZIDA +	130
	100 g	ATUM ENLATADO EM SALMOURA +/-	130
2 cs	40 g	MEL -	130
	100 g	VERMELHO ASSADO/GRELHADO +	130
	100 g	SALMÃO ENLATADO +/-	130
	100 g	CARPA CRUA +	130
1/2 xc	95 g	FEIJÃO-BRANCO COZIDO ★ +	130
1 cs	13 g	ÓLEO DE FÍGADO DE BACALHAU ★ +	130
1 un	100 g	BATATA-BAROA/MANDIOQUINHA +	130
1 xc	250 g	IOGURTE DESNATADO +/-	130
	30 g	QUEIJO GRUYERES +/-	120
1 xc	250 g	KEFIR — 2% DE GORDURA +/-	120
1 xc	250 g	LEITE DESNATADO — 2% GORDURA +/-	120
	30 g	QUEIJO CHEDDAR +/-	120
1 un	200 g	PÊRA D'ANJOU +	120
1 cs	13 g	AZEITE-DE-DENDÊ +	120
2 cs	40 g	XAROPE DE MILHO/KARO -	120
2 cs	30 g	MALTE DE CEVADA -	120
	30 g	QUEIJO GORGONZOLA +/-	120
1 un	170 g	CAQUI +	120
	100 g	LINGUADO ASSADO/GRELHADO +	120
1 xc	250 g	SUCO DE MAÇÃ ★ +	120
	100 g	BAGRE CRU +	120
	100 g	CARÁ COZIDO +	120
1/2 xc	100 g	ERVILHA PARTIDA COZIDA ★ +	120

►

medida	*peso*	*alimento*	*cal*
2 cs	30 g	AÇÚCAR BRANCO -	120
1/2 xc	120 g	GELATINA -	120
2 cs	40 g	LEITE CONDENSADO DOCE -/-	120
10 un	30 g	DROPS SORTIDOS -/-	120
1 cp	100 g	VINHO DE SOBREMESA SECO -	120
1 ds	50 g	GIN/RUM/VODKA/UÍSQUE -	110
1 cp	150 g	VINHO TINTO -	110
1 cp	150 g	VINHO ROSÉ -	110
3 ft	20 g	BACON EM FATIAS -	110
2 cs	20 g	SEMENTES DE GERGELIM SECAS ★ +	110
1/2 xc	100 g	LENTILHA COZIDA ★ +	110
5 un	40 g	TÂMARAS +	110
1/2 xc	90 g	FEIJÃO-PRETO COZIDO ★ +	110
	100 g	POLLOCK ASSADO/GRELHADO +	110
	30 g	QUEIJO SUÍÇO +/-	110
1/2 xc	90 g	FEIJÃO-ROXINHO COZIDO ★ +	110
1/2 xc	100 g	PURÊ DE BATATA COM LEITE E MARGARINA +/-	110
1 xc	250 g	SUCO DE LARANJA FRESCO +	110
	50 g	FÍGADO DE CARNEIRO NA BRASA +	110
2 xc	20 g	PIPOCA/ÓLEO OU MANTEIGA/COM SAL -	110
	30 g	QUEIJO ROQUEFORT +/-	110
	50 g	BIFE DE FÍGADO DE BOI +	110
4 un	30 g	CRACKER SEMI-INTEGRAL INDUSTRIAL -	110
	30 g	QUEIJO PRATO +/-	110
	30 g	QUEIJO MINAS INTEGRAL +/-	110
	30 g	QUEIJO GOUDA +/-	110
	30 g	QUEIJO EDAM +/-	110
1 xc	160 g	MANGA +	110
1/2 xc	120 g	CALDO DE CANA -	110
	30 g	QUEIJO PORT-SALUT +/-	110
	30 g	QUEIJO PROVOLONE +/-	110
	30 g	REQUEIJÃO CREMOSO -	110
	100 g	BACALHAU ASSADO/GRELHADO +	110
1 un	70 g	MOELA DE PERU COZIDA +	110
3 un	65 g	MOELA DE GALINHA COZIDA +	100
1/2 xc	110 g	BANANA AMASSADA ★ +	100
	100 g	HADDOCK COZIDO +	100
1/2 xc	80 g	FAVA COZIDA +	100
2 cs	28 g	AÇÚCAR MASCAVO -	100
	100 g	BACALHAU COZIDO +	100

medida	peso	alimento	cal
	30 g	QUEIJO TILSIT DE LEITE INTEGRAL +/-	100
1 xc	100 g	FRUTA-DE-CONDE/PINHA +	100
2 cs	40 g	MAPLE/XAROPE DE SEIVA DE BORDO -	100
	100 g	CARANGUEJO/SIRI COZIDO +	100
1 un	60 g	OVO MEXIDO COM LEITE E MARGARINA +/-	100
	30 g	QUEIJO BRIE +/-	100
5 un	40 g	AMEIXA SECA +	100
	100 g	CAMARÃO COZIDO +	100
1/2 gf	350 g	CERVEJA LEVE -	100
1 xc	250 g	SUMO DE CENOURA ★ +	100
	100 g	LAGOSTA COZIDA +	100
	30 g	QUEIJO LIMBURGUER +/-	100
	50 g	SALAME DE PERU -	100
1 xc	250 g	SUCO FRESCO DE GRAPEFRUIT +	100
2 un	40 g	FIGOS SECOS +	100
10 un	30 g	BALA DE GOMA -/-	100
1 cp	150 g	VINHO BRANCO SUAVE -	100
1 cp	150 g	VINHO BRANCO SECO -	100
1 cs	14 g	MAIONESE DE SOJA -	100
1 un	50 g	PANQUECA DE FARINHA INTEGRAL +/-	90
	100 g	JACA +	90
	30 g	QUEIJO LIEDERKRANZ +/-	90
1 un	50 g	OVO FRITO NA MARGARINA +/-	90
15 un	50 g	CORAÇÕES DE GALINHA ASSADOS +	90
4 un	20 g	BISCOITO AMANTEIGADO -/-	90
1 xc	70 g	BROTO DE SOJA CRU +/-	90
3 cs	26 g	TRIGUILHO SECO +/+	90
1/2 xc	75 g	BANANA-DA-TERRA CRUA/COZIDA ★ +	90
3 cs	30 g	UVA-PASSA +	90
	30 g	QUEIJO CAMEMBERT +/-	90
1 xc	180 g	FOLHAS DE BATATA-DOCE COZIDAS +	90
	100 g	BARDANA +	90
2 cs	40 g	MELADO DE CANA INTEGRAL +/-	90
	100 g	LINGUADO ASSADO/GRELHADO +	90
4 un	16 g	BISCOITO WAFER DE BAUNILHA	80
	30 g	QUEIJO MUSSARELA +/-	80
	50 g	FÍGADO DE PERU COZIDO +	80
1 xc	180 g	LARANJA CORTADA ★ +	80
1 xc	190 g	TANGERINA EM GOMOS +	80

►

medida	peso	alimento	cal
1 xc	200 g	ABÓBORA COZIDA +	180
2 cs	30 g	PATÊ DE FÍGADO -	80
	50 g	FÍGADO DE VITELA GRELHADO +	80
	50 g	FÍGADO DE PORCO NA BRASA +/-	80
	50 g	PUPUNHA +	80
1 xc	150 g	TRIGO EM GRÃO COZIDO +/+	80
3 cs	20 g	GERME DE TRIGO TORRADO +	80
1 un	140 g	MAÇÃ COM CASCA ★ +	80
2 cs	22 g	FÉCULA DE BATATA -	80
1/2 xc	90 g	FEIJÃO-FRADINHO COZIDO ★ +	80
1 xc	250 g	LEITE DE SOJA +/-	80
	50 g	FÍGADO DE GALINHA COZIDO +	80
1 un	50 g	OVO COZIDO/POCHÊ +	80
	30 g	CAVIAR PRETO/VERMELHO +	80
1 xc	160 g	ABACAXI +	80
1 ft	30 g	QUEIJO MINAS DESNATADO	70
2 un	100 g	FIGO FRESCO +	70
	50 g	RIM DE BOI COZIDO +	70
2 cs	20 g	RAPADURA -	70
1 un	100 g	ROMÃ +	70
1/2 xc	75 g	BANANA EM RODELAS ★ +	70
1 un	100 g	GOIABA +	70
1/2 xc	100 g	ERVILHA FRESCA COZIDA ★ +	70
3 cs	20 g	GERME DE TRIGO CRU +	70
1 cs	14 g	MOLHO TÁRTARO -	70
1 xc	170 g	PÊSSEGO CORTADO +	70
1 xc	240 g	SOPA DE VEGETAIS COM ÁGUA +	70
1 un	135 g	NECTARINA +	70
1 cs	19 g	COBERTURA HOTFUDGE CHOCOLATE -/-	60
1 cs	15 g	MAIONESE COMERCIAL -/-	60
1 xc	160 g	ERVILHA COM SUA VAGEM ★ +	70
1 xc	160 g	COUVE-DE-BRUXELAS COZIDA ★ +	60
4 un	16 g	CRACKER INTEGRAL NATURAL +/-	60
	30 g	NATÔ/SOJA FERMENTADA ★ +	60
5 un	100 g	AMEIXA VERMELHA +	60
2 cs	16 g	MAISENA -	60
1 un	30 g	PANQUECA SEM RECHEIO +/-	60
1 xc	250 g	CANJA DE GALINHA +	60
1 un	120 g	ALCACHOFRA COZIDA +	60
3 cs	15 g	AVEIA EM FLOCOS ASSADA ★ +/+	60

medida	peso	alimento	cal
1 un	16 g	GEMA DE OVO CRUA/COZIDA ★ +	60
1 xc	160 g	MELÃO +	60
1 xc	140 g	MAMÃO +	60
3 cs	16 g	FLOCOS DE TRIGO SECOS +	50
	30 g	RICOTA DE LEITE INTEGRAL +/-	50
1 xc	250 g	SUCO DE ACEROLA +	50
1 xc	160 g	MELANCIA EM CUBOS +	50
1 xc	180 g	NABIÇA COZIDA +	50
2 cs	13 g	AÇÚCAR DE CONFEITEIRO -	50
1 xc	250 g	ÁGUA DE COCO +	50
1 un	80 g	KIWI +	50
1/2 xc	100 g	CEBOLA COZIDA ★ +	50
1 un	100 g	CAJU +	50
1 xc	150 g	MORANGO ★ +	50
10 un	40 g	AZEITONA VERDE +/-	50
1 cs	20 g	GELÉIA DOCE -	50
1 un	27 g	PANQUECA DE TRIGO-SARRACENO +/-	50
1 cs	17 g	COBERTURA DE MARSHMELLOW -/-	50
1 cs	15 g	CREME DE LEITE GROSSO -	50
1 cs	15 g	CREME DE LEITE FINO -	40
1 xc	150 g	BRÓCOLIS COZIDO ★ +	40
1 xc	125 g	VAGEM COZIDA ★ +	40
1 un	50 g	PEQUI +	40
1 xc	130 g	COUVE COZIDA ★ +	40
1 xc	180 g	ESPINAFRE COZIDO ★ +	40
1 xc	100 g	FOLHAS DE DENTE-DE-LEÃO COZIDAS +	40
1 un	130 g	CARAMBOLA +	40
	30 g	RICOTA DE LEITE SEMIDESNATADO +/-	40
1 xc	160 g	CHUCHU COZIDO +	40
	50 g	TOFU/QUEIJO DE SOJA ★ +	40
1 un	90 g	PÊSSEGO +	40
1 cs	18 g	MISSO/MASSA DE SOJA ★ +	40
1 xc	180 g	BERTALHA COZIDA +	30
1 xc	180 g	ACELGA BRASILEIRA COZIDA ★ +	30
1 cs	10 g	FARINHA DE BANANA +/-	30
1 cs	10 g	FARINHA DE PEIXE +/-	30
2 cs	10 g	FARELO DE ARROZ CRU ★ +	30
5 ft	50 g	RAIZ-DE-LÓTUS COZIDA +	30
1 xc	100 g	ALHO-PORRÓ COZIDO +	30

►

medida	peso	alimento	cal
1/2 xc	100 g	TOMATES COZIDOS +	30
10 un	100 g	QUIABO COZIDO +	30
1 xc	150 g	REPOLHO COZIDO ★ +	30
	30 g	QUEIJO COTTAGE +/-	30
1/2 xc	70 g	CENOURA CRUA/COZIDA +	30
1 xc	120 g	COUVE-FLOR COZIDA ★ +	30
1 xc	180 g	ABOBRINHA VERDE COZIDA +	30
1 cs	10 g	ALGA SPIRULINA SECA ★ +	30
2 cs	10 g	CACAU EM PÓ +/-	30
5 ft	50 g	RAIZ-DE-LÓTUS CRUA	30
1 xc	150 g	AIPO COZIDO +	30
3 un	50 g	COGUMELOS SHIITAKE COZIDOS +	30
1 cs	14 g	CREME DE LEITE AZEDO -	30
1 un	7 g	GELATINA EM FOLHA +/-	20
1 un	6 g	TABLETE DE CALDO DE GALINHA	20
1 cs	15 g	CATCHUP	20
1/2 xc	85 g	COUVE-RÁBANO COZIDA +	20
1 cs	8 g	LEVEDO DE CERVEJA ★ +	20
1/2 xc	90 g	ASPARGOS COZIDOS +	20
1/2 xc	120 g	CHUCRUTE +	20
1/2 xc	80 g	COGUMELOS COZIDOS +	20
1/2 xc	70 g	BETERRABA CRUA/COZIDA ★ +	20
1 xc	170 g	COUVE-CHINESA COZIDA +	20
1 xc	180 g	AGRIÃO COZIDO ★ +	20
1 xc	130 g	AZEDINHA COZIDA +	20
1 xc	120 g	AIPO CRU +	20
1/2 xc	80 g	COGUMELO ENLATADO -	20
1/2 xc	100 g	TOMATE FRESCO +	20
1 xc	130 g	ABOBRINHA VERDE CRUA +	20
4 un	12 g	DENTES DE ALHO ★ +	20
1/2 xc	70 g	NABO CRU ★ +	20
1 xc	70 g	REPOLHO CRU ★ +	20
2 cs	8 g	FARELO DE TRIGO CRU +	20
1 xc	140 g	FOLHAS DE MOSTARDA COZIDAS +	20
1 xc	140 g	FOLHAS DE NABO COZIDAS +	20
1/2 xc	70 g	FOLHAS DE BETERRABA COZIDAS +	20
1 xc	120 g	BROTO DE FEIJÃO REFOGADO +	20
1/2 xc	70 g	NABO COZIDO ★ +	10
1/2 xc	65 g	BREDO/CARURU COZIDO +	10
1/2 xc	50 g	PIMENTÃO VERDE/VERMELHO CRU +	10

medida	peso	alimento	cal
1 xc	60 g	ESPINAFRE CRU ★ +	10
1/2 xc	50 g	COUVE-FLOR CRUA ★ +	10
1/2 un	75 g	PEPINO +	10
1 un	6 g	TABLETE DE CALDO DE CARNE	10
1 cs	15 g	MOSTARDA PREPARADA	10
2 cs	5 g	FARELO DE TRIGO ASSADO +	9
1/2 xc	50 g	NABO DAIKON +	9
1/2 xc	50 g	RABANETE ★ +	8
	30 g	ALGA MARINHA SECA/TODAS +	8
1 xc	60 g	ALFACE ROMANA +	8
3 cs	12 g	SALSA FRESCA +	4

quantas calorias você gasta por hora?

atividade	*calorias*
na poltrona	*80 a 100*
na fila do banco	*95 a 120*
limpando casa	*240 a 300*
no escritório	*240 a 300*
jogando peteca	*240 a 300*
jogando golfe	*240 a 300*
andando 3 km/h	*370 a 460*
na jardinagem	*370 a 460*
de bicicleta 5 km/h	*370 a 460*
dançando	*370 a 460*
jogando basquete	*370 a 460*
correndo	*580 a 730*
jogando futebol	*580 a 730*
nadando	*580 a 730*
correndo muito	*740 a 920*
esquiando	*740 a 920*
jogando raquete	*740 a 920*

em que faixa de atividade física você está?

sedentária *80 a 120*

leve *240 a 300*

razoável *370 a 460*

ativa *580 a 730*

muito ativa *740 a 920*

vitaminas Substâncias de vida curta como as borboletas e flores do campo: dão sua presença e adeus, desaparecem. Participam intensamente de todas as etapas do metabolismo. Vêm principalmente da alimentação e se dividem em dois grupos: o das lipossolúveis, que se dissolvem em gordura, e o das hidrossolúveis, que se dissolvem em água.

vitaminas lipossolúveis A, D, E e K, encontradas em tecidos gordurosos, carnes gordas, fígado, gema de ovo, laticínios, sementes oleaginosas e folhas verdes; dependem da existência de gordura para poder agir. As vitaminas A, D e K são armazenadas pelo fígado, enquanto a E vai para o tecido adiposo.

vitaminas hidrossolúveis B1, B2, B3, B6, folacina, biotina, ácido pantotênico, PABA, colina, inositol e vitamina C, encontradas em todo tipo de vegetal e fruta; B12, encontrada nos tecidos animais. Elas são absorvidas pelo intestino delgado e, com exceção da B12 e do ácido fólico, que costumam ser armazenados pelo fígado, o excesso de vitaminas é eliminado pela urina.

vitamina a retinol

Ela é responsável pela manutenção de tanta coisa no organismo que não pode faltar de jeito nenhum. Pensar nela é pensar em olhos, pele, membranas mucosas, reações imunológicas, ossos, dentes, células nervosas e sanguíneas, potência sexual, tiróide, glândulas adrenais. Entre suas inúmeras funções, é antioxidante.

sinais de alarme *Anemia, visão deficiente à noite, redução do olfato e do paladar, ressecamento e infecção na pele e nas mucosas, infecções, stress*

recomendação diária *800 a 1300 RE*

1 RE (retinol equivalente) = 1 mcg retinol = 6 mcg betacaroteno = 12 mcg de outros carotenóides = 3.3 IU de fontes animais = 10 IU de fontes vegetais

os alimentos mais ricos em vitamina a

medida	*peso*	*alimento*	*RE*
1 xc	250 g	SUMO DE CENOURA ★	6330
1 un	30 g	PEQUI	6000
	50 g	BIFE DE FÍGADO DE BOI	5360
1 cs	13 g	AZEITE-DE-DENDÊ	4590
	50 g	FÍGADO DE VITELA GRELHADO	4020
1 cs	13 g	ÓLEO DE FÍGADO DE BACALHAU ★	3090
1 un	150 g	BATATA-DOCE COZIDA SEM CASCA	2580
	50 g	FÍGADO DE GALINHA COZIDO	2460
1 un	70 g	CENOURA CRUA ★	2030
1/2 xc	80 g	CENOURA COZIDA ★	1910
	50 g	FÍGADO DE PERU COZIDO	1870
1/2 xc	55 g	CENOURA CRUA RALADA ★	1550
3 cs	24 g	FOLHA DE MANDIOCA EM PÓ	1510
1 xc	200 g	ABÓBORA COZIDA	1430
1 xc	180 g	NABIÇA COZIDA	1370
1 xc	100 g	FOLHAS DE DENTE-DE-LEÃO COZIDAS	1220
1 xc	180 g	BERTALHA COZIDA	1050
1 xc	180 g	AGRIÃO COZIDO ★	1030
1 xc	130 g	COUVE COZIDA ★	970
	100 g	ENGUIA DEFUMADA	750
	50 g	PUPUNHA	750
	100 g	ATUM FRESCO ★	660
1 xc	165 g	MANGA	640

►

medida	peso	alimento	RE
1 xc	180 g	ACELGA BRASILEIRA COZIDA ★	560
1 xc	100 g	AZEDINHA CRUA	530
1 xc	160 g	MELÃO	520
1 ft	180 g	QUICHE LORRAINE	450
1 xc	170 g	COUVE-CHINESA/ACELGA COZIDA	440
1 xc	140 g	FOLHAS DE MOSTARDA COZIDAS	420
1/2 xc	70 g	FOLHAS DE BETERRABA COZIDAS	370
1 xc	130 g	BREDO/CARURU COZIDO	370
1 un	170 g	CAQUI	370
1 xc	130 g	AZEDINHA COZIDA	350
1 xc	130 g	COUVE-MANTEIGA COZIDA ★	350
2 xc	70 g	AGRIÃO CRU ★	320
1/2 xc	35 g	COUVE CRUA ★	300
1/2 xc	125 g	MARACUJÁ DOCE/AMARELO	300
1 xc	240 g	SOPA DE VEGETAIS COM ÁGUA	300
1 xc	130 g	FLOR DE ABÓBORA COZIDA	230
1 xc	160 g	BRÓCOLIS COZIDO ★	220
1 xc	120 g	BELDROEGA/ORA-PRO-NÓBIS COZIDA	210
1 xc	70 g	COUVE-CHINESA/ACELGA CRUA	210
1/2 xc	120 g	MOUSSE DE CHOCOLATE	190
1 xc	190 g	TANGERINA EM GOMOS	180
1 xc	70 g	FOLHAS DE ABÓBORA COZIDAS	170
1 xc	160 g	ABACAXI	160
1 cc	2 g	PÁPRICA	140

A vitamina A é formada dentro de nós por substâncias de duas fontes: o betacaroteno e outros carotenóides dos vegetais amarelos, alaranjados, vermelhos e verde-escuros e o retinol dos alimentos de origem animal. A vantagem de obtê-la através de fontes vegetais é que os carotenóides que não se convertem em vitamina A também são antioxidantes e protetores do sistema imunológico, enquanto o retinol vem acompanhado de gordura e colesterol.

A vitamina A não se perde durante o cozimento comum, mas é alterada por cozimento prolongado e exposição ao ar. Também é reduzida por desordens gastrointestinais, como vômitos e diarréia, pelo tanino dos chás, por sulfato ferroso ou excesso de ferro, nitratos e benzoatos de comidas conservadas, aspirina, café, álcool, tabaco, corticosteróides (cortisona e outros), óleo mineral, barbituratos e citral (um sabor artificial de limão); é mais necessária no tempo frio e durante gravidez, lactação e períodos de stress. A absorção pelo organismo diminui drasticamente quando a dieta contém pouca gordura, pois é a gordura que dissolve e transporta a vitamina A.

suplementos *Intoxicam se forem tomados em níveis dez vezes maiores que a recomendação diária por um mês, o que pode acontecer através de um exagero de cápsulas de retinol ou de sucessivos bifes de fígado regados a óleo de fígado de peixe. Dietas muito altas em carotenóides não intoxicam, deixam amareladas as palmas das mãos e as solas dos pés sinergismo* *Ela funciona em combinação com vitaminas do complexo B, C, D, E, cálcio, fósforo, iodo, zinco e ácidos graxos insaturados*

vitaminas do complexo b Grupo de vitaminas geralmente encontradas juntas, funcionando de forma associada. Inclui a B1 (tiamina), B2 (riboflavina), B3 (niacina), B5 (ácido pantotênico), B6 (piridoxina), B12 (cobalamina), folacina, biotina, colina, inositol e outros fatores que não são exatamente vitaminas, como o ácido pangâmico e o laetril, às vezes chamados de B15 e B17 respectivamente, e o PABA, ácido paraminobenzóico. Apesar de algumas vitaminas B terem indicações específicas, recomenda-se utilizar sempre o complexo todo para evitar descompensações.

vitamina b1 *tiamina*

ANTI • OXIDANTE •

Ela desencadeia o processo de conversão da comida em glicose, ou seja, providencia combustível para que o corpo possa viver. Pense em músculos, sangue, cérebro e terminais nervosos; em memória, apetite, iniciativa, capacidade de concentração e bom humor. E em desintoxicação, já que ela contém enxofre.

sinais de alarme *Nervosismo, irritação, neurastenia, fadiga, depressão, dores no abdômen e no peito, sensação de agulhadas e queimação nos pés, perda do tato, fraqueza muscular e cardíaca. As mulheres idosas e as pessoas de qualquer idade que consomem regularmente bebidas alcoólicas e chá preto, verde ou banchá precisam de mais tiamina que o normal*

recomendação diária *1.1 a 1.6 mg*
base de cálculo: 0.5 mg de tiamina para cada 1000 calorias

os alimentos mais ricos em vitamina b1

medida	*peso*	*alimento*	*mg*
	100 g	PINHÃO COZIDO	1.35
1 xc	100 g	FARINHA DE TRIGO-SARRACENO INTEGRAL ★	.60
1 xc	120 g	FARINHA DE TRIGO INTEGRAL	.55
1 xc	85 g	FARINHA DE SOJA INTEGRAL	.50
1 xc	140 g	QUÍNOA	.50
1 xc	250 g	KEFIR COM 2% GORDURA	.45
1 cc	3 g	LEVEDO DE CERVEJA	.40
2 cs	15 g	SEMENTES DE GIRASSOL SECAS ★	.40
1 xc	140 g	ADLAI/LÁGRIMA-DE-N.SENHORA COZIDO	.40
1 xc	160 g	MILHO VERDE COZIDO	.40
1 xc	250 g	LEITE DE SOJA	.40

►

medida	*peso*	*alimento*	*mg*
3 cs	20 g	GERME DE TRIGO	.35
	70 g	AMENDOIM COZIDO ★	.30
	30 g	CASTANHAS-DO-PARÁ ★	.30
2 cs	10 g	FARELO DE ARROZ CRU ★	.30
1 xc	230 g	AVEIA EM FLOCOS COZIDA COM ÁGUA ★	.30
1 xc	120 g	BROTO DE ERVILHA CRU	.25
1/2 xc	80 g	FAVAS COZIDAS	.25
	100 g	BARDANA CRUA	.25
	10 g	ALGA SPIRULINA SECA ★	.25
1 cs	15 g	TAHINE/MANTEIGA DE GERGELIM	.25
1 xc	250 g	SUCO DE LARANJA FRESCO	.20
1/2 xc	90 g	FEIJÃO-PRETO COZIDO ★	.20
1 xc	160 g	ERVILHA COM SUA VAGEM ★	.20
	30 g	PRESUNTO MAGRO ASSADO	.20
1/2 xc	70 g	TREMOÇOS PREPARADOS	.20
1 xc	200 g	ARROZ INTEGRAL COZIDO ★	.20
1 xc	180 g	ESPINAFRE COZIDO ★	.20
1 xc	180 g	AGRIÃO COZIDO ★	.20
1 xc	190 g	TANGERINA EM GOMOS	.20
1 xc	250 g	SALADA DE BATATA COM MAIONESE E OVOS	.20
1 un	75 g	WAFFLE	.20
1 xc	180 g	LARANJA CORTADA ★	.15
1/2 xc	100 g	LENTILHA COZIDA ★	.15
1 xc	140 g	MACARRÃO DE TRIGO INTEGRAL COZIDO	.15
	30 g	AVELÃS SECAS	.15
	100 g	NAMORADO À MILANESA ★	.15
1 xc	160 g	ABACAXI	.15
2 cs	20 g	SEMENTES DE GERGELIM SECAS ★	.15
	30 g	AMENDOIM TORRADO ★	.15
1 xc	160 g	MELANCIA	.15
	30 g	PISTACHE TORRADO	.15
1 xc	200 g	ABÓBORA COZIDA	.15
1 cp	300 g	MILKSHAKE DE CHOCOLATE	.15
1 cp	300 g	MILKSHAKE DE BAUNILHA	.15
1 ft	180 g	QUICHE LORRAINE	.10
1 un	80 g	PANQUECA DE BATATA	.10
1 un	50 g	PANQUECA DE FARINHA DE TRIGO INTEGRAL	.10
1 xc	250 g	LEITE DE CABRA	.10
	100 g	CARPA CRUA	.10
1 un	130 g	LARANJA DESCASCADA ★	.10

medida	peso	alimento	mg
	30 g	AMENDOINS COBERTOS POR CHOCOLATE	.10
1/2 xc	100 g	ABACATE MÉDIO	.10
	30 g	MACADAMIAS	.10
1 xc	160 g	MANGA	.10
	100 g	CORVINA	.10
1/2 xc	100 g	GRÃO-DE-BICO COZIDO ★	.10
1 xc	245 g	LEITE INTEGRAL COM 3.3% GORDURA	.10
1 un	100 g	BATATA-BAROA/MANDIOQUINHA	.10
1 xc	125 g	VAGEM COZIDA ★	.10

Perde-se tiamina refinando e moendo os grãos, assando, torrando, cozinhando e usando bicarbonato de sódio para acentuar a cor dos vegetais. A absorção é reduzida na presença de bebida alcoólica, barbituratos, chá preto, verde ou banchá (devido ao tanino), antibióticos, café (devido ao ácido clorogênico), mariscos, ostras e peixes crus, açúcar, anticoncepcionais e tabaco; ainda quando há febre, stress, hipertireoidismo, doenças do fígado e distúrbios gastrointestinais prolongados. Quanto mais carboidratos e calorias na dieta, maior a necessidade de tiamina.

suplementos *Até 500 mg por dia*

sinergismo *A vitamina B1 funciona em combinação com vitaminas do complexo B, vitaminas C e E, manganês e enxofre*

vitamina b2 *riboflavina*

Desintoxicante. Age nos tecidos, na produção de células vermelhas do sangue, na pele, nos olhos e na síntese de corticosteróides; dá alegria e autoconfiança.

sinais de alarme *Rachaduras nos cantos da boca, estomatite e outros problemas na mucosa da boca e na língua; coceira e ardência nos olhos, sensibilidade excessiva à luz; pele seca, descamação cutânea, dermatite seborréica, alterações da epiderme escrotal e vulvar; anemia, problemas de crescimento, magreza, distúrbios adrenais e nervosos; depressão, letargia, hipocondria, histeria*

recomendação diária *1.3 a 1.8 mg*

base de cálculo: 0.6 mg por 1000 calorias consumidas

as fontes mais ricas em vitamina b2

medida	peso	alimento	mg
	50 g	BIFE DE FÍGADO DE BOI	2.10
	50 g	RIM DE BOI COZIDO/GRELHADO	2.00

►

medida	peso	alimento	mg
	50 g	FÍGADO DE VITELA GRELHADO	1.00
1 xc	85 g	FARINHA DE SOJA INTEGRAL	1.00
	50 g	FÍGADO DE GALINHA COZIDO	.90
1 cp	300 g	MILKSHAKE DE CHOCOLATE	.70
1 cp	300 g	MILKSHAKE DE BAUNILHA	.55
	100 g	CARNE DE PATO ASSADA	.45
1 xc	140 g	QUÍNOA COZIDA	.45
1 xc	180 g	ESPINAFRE COZIDO ★	.40
1 un	120 g	SANDUÍCHE DE PRESUNTO E QUEIJO	.40
1/2 xc	70 g	TREMOÇOS PREPARADOS	.35
1 cs	8 g	LEVEDO DE CERVEJA	.35
1 ft	180 g	QUICHE LORRAINE	.30
1 xc	140 g	ADLAI/LÁGRIMA-DE-N.SENHORA COZIDO	.25
1 xc	180 g	AGRIÃO COZIDO ★	.25
1/2 xc	125 g	IOGURTE DESNATADO	.25
1 un	50 g	OVO COZIDO	.25
1 xc	250 g	SUMO DE MARACUJÁ DOCE/AMARELO	.25
	100 g	PINHÃO COZIDO	.25
1/2 xc	80 g	COGUMELO COZIDO	.25
1 un	50 g	PEQUI	.25
1 un	150 g	BATATA-DOCE COZIDA SEM CASCA	.25
1/2 xc	125 g	LEITE DE CABRA	.25
22 un	30 g	AMÊNDOAS SECAS	.25
1 un	75 g	WAFFLE	.25
1/2 xc	120 g	MOUSSE DE CHOCOLATE	.20
1/2 xc	130 g	PUDIM DE CHOCOLATE	.20
1 un	70 g	MOELA DE PERU COZIDA	.20
1 xc	120 g	BROTO DE ERVILHA CRU	.20
1/2 xc	125 g	KEFIR COM 2% GORDURA	.20
	100 g	CORVINA	.20
1 un	50 g	OVO POCHÊ	.20
4 un	70 g	COGUMELOS SHIITAKE SECOS	.20
1 xc	130 g	BREDO/CARURU COZIDO	.20
3 cs	20 g	GERME DE TRIGO TORRADO	.20
2 cs	40 g	LEITE CONDENSADO DOCE	.15
1 xc	250 g	SALADA DE BATATA COM MAIONESE E OVOS	.15
1 xc	110 g	BROTO DE TRIGO CRU	.15
1/2 xc	125 g	IOGURTE INTEGRAL	.15
	100 g	NAMORADO À MILANESA ★	.15
3 un	65 g	MOELA DE GALINHA COZIDA	.15

A vitamina B2 é essencial ao metabolismo de carboidratos, gorduras, proteínas; coadjuvante indispensável das vitaminas C, B6, ácido fólico e niacina; responsável, junto com a BI e outras do complexo B, pela liberação de energia para a atividade física.

Perde-se em pequena quantidade na água em que os alimentos são cozidos e no refino dos cereais. É sensível à luz e fica arrasada quando exposta aos raios ultravioleta do sol (alô, camada de ozônio que nos protege!). Sua absorção é prejudicada na presença de álcool, cocaína e outros alcalóides, antibióticos, cafeína, pílulas anticoncepcionais, açúcar, stress, tabaco, e ainda quando a dieta é excessiva em gordura.

suplementos *Sem restrições*

sinergismo *A vitamina B2 funciona em combinação com vitaminas do complexo B, vitamina C, fósforo*

vitamina b3 niacina

Pensou em proteger o fígado, a pele, os tecidos nervosos e o trato digestivo? Pensou na B3, que além disso é vasodilatadora e ajuda a regular a taxa de colesterol no sangue.

sinais de alarme *Fadiga, irritabilidade, confusão mental, insônia, dor de cabeça; problemas freqüentes de estômago e intestino; boca e lábios inflamados, língua inchada, vermelha; a carência profunda se chama pelagra e apresenta os mais variados problemas de pele, lesões gastrointestinais e desordens mentais graves*

recomendação diária *I5 a 20 mg ou NE, niacina equivalentes*
base de cálculo: 6.6 NE para cada 1000 calorias

os alimentos mais ricos em niacina

medida	*peso*	*alimento*	*mg*
	100 g	CARNE DO PEITO DA GALINHA	13.5
	100 g	ATUM ENLATADO	12.5
	100 g	CORVINA COZIDA	9.5
	100 g	CARNE DE GALINHA ASSADA	9.0
	100 g	ATUM FRESCO ★	8.5
	100 g	ANCHOVA ASSADA/GRELHADA	8.0
	50 g	FÍGADO DE BOI	7.0
	100 g	SALMÃO ENLATADO	7.0
1 xc	140 g	ADLAI/LÁGRIMA-DE-N.SENHORA COZIDO	6.0
	100 g	ANCHOVA COZIDA	6.0

►

medida	*peso*	*alimento*	*mg*
	100 g	SARDINHA ENLATADA	5.0
	50 g	PEITO DE PERU DEFUMADO	5.0
	30 g	AMENDOINS GRANDES CRUS	5.0
	100 g	PINHÃO COZIDO	4.5
	30 g	AMENDOIM TORRADO ★	4.5
	50 g	FÍGADO DE VITELA GRELHADO	4.0
1 xc	120 g	BROTO DE ERVILHA CRU	3.5
1 xc	110 g	BROTO DE TRIGO CRU	3.5
1 xc	85 g	FARINHA DE SOJA INTEGRAL	3.5
2 cs	10 g	FARELO DE ARROZ CRU ★	3.5
1 xc	200 g	ARROZ INTEGRAL COZIDO ★	3.0
	50 g	FÍGADO DE PERU COZIDO	3.0
1 xc	100 g	FARINHA DE TRIGO-SARRACENO INTEGRAL ★	3.0
	100 g	NAMORADO À MILANESA ★	2.5
	50 g	PRESUNTO MAGRO ASSADO	2.5
	100 g	BACALHAU ASSADO/GRELHADO ★	2.5
3 un	65 g	MOELA DE GALINHA COZIDA	2.5
1 xc	250 g	SALADA DE BATATA COM MAIONESE E OVOS	2.0
1 un	70 g	MOELA DE PERU COZIDA	2.0
1 xc	200 g	ABÓBORA COZIDA	2.0
	30 g	AMENDOINS COBERTOS POR CHOCOLATE	2.0
	100 g	BAGRE CRU	2.0
4 cs	30 g	SEMENTES DE GIRASSOL TORRADAS ★	2.0
1 xc	140 g	QUÍNOA	2.0
1/2 xc	70 g	TREMOÇOS PREPARADOS	2.0
2 cs	30 g	MANTEIGA DE SEMENTE DE GIRASSOL	1.5
	100 g	CARPA CRUA	1.5
1/2 gf	350 g	CERVEJA COMUM	1.5
1 un	100 g	BATATA COZIDA E DESCASCADA	1.5
1 xc	180 g	NABIÇA COZIDA	1.5
1/2 gf	350 g	CERVEJA LEVE	1.5
	10 g	ALGA SPIRULINA SECA ★	1.5
3 cs	20 g	GERME DE TRIGO CRU	1.5
1 xc	170 g	PÊSSEGO CORTADO	1.5
1 un	80 g	PANQUECA DE BATATA	1.5
1 un	75 g	WAFFLE	1.5
1 un	135 g	NECTARINA	1.5
1 ft	180 g	QUICHE LORRAINE	1.0
1 xc	240 g	SOPA DE VEGETAIS COM ÁGUA	1.0
3 cs	20 g	GERME DE TRIGO TORRADO	1.0

medida	peso	alimento	mg
2 cs	5 g	FARELO DE TRIGO ASSADO	1.0
1 un	90 g	GOIABA	1.0
2 cs	8 g	FARELO DE TRIGO CRU	1.0
22 un	30 g	AMÊNDOAS SECAS	1.0

Como todas as vitaminas do complexo B, a niacina é essencial para obter energia a partir de carboidratos, proteínas e gorduras. Mas nem toda niacina presente no organismo vem dos alimentos: parte dela é resultado da conversão metabólica de 40 a 80 mg do aminoácido triptofano em 1 mg de niacina, com a indispensável ajuda da vitamina B6; esse resultado é chamado NE (niacina equivalente). A niacina já foi denominada vitamina PP e vitamina B5. Atualmente classifica-se como niacina quando a origem é vegetal e niacinamida quando é animal.

Perde-se no refino e na moagem dos grãos, na água do cozimento, na presença de álcool, antibióticos, cafeína, excesso de água e de amidos, infecções, stress, açúcar e traumas. De todo modo, aproveitam-se somente 30% da niacina disponível nos grãos devido à estrutura química em que ela se encerra, a menos que eles sejam cozidos com alcalinizantes. Alguns alimentos, como leite e ovos, contêm pouquíssima niacina; mas são tão ricos em triptofano que compensam com folga a deficiência. As carnes contêm tanto niacina quanto triptofano. As proteínas contêm no mínimo 1% de triptofano, portanto 60 g de proteína fornecem 600 mg de triptofano, ou 10 NE.

suplementos *Intoxicam em doses acima de 2.0 g de nicotinamida ou 300 mg de ácido nicotínico, componentes da niacina, principalmente se as pessoas tiverem úlcera péptica, pressão alta, gota, doença hepática e diabetes*

sinergismo *A niacina funciona em combinação com vitaminas do complexo B, vitamina C, fósforo*

ANTI • OXIDANTE •

ácido pantotênico *pantotenato, vitamina b5*

Vital para o córtex adrenal, que controla a capacidade de resposta do corpo ao stress; essencial à imunidade.

sinais de alarme *Fadiga, baixa produção de anticorpos, cãibras musculares, função adrenal diminuída, anormalidades de pele, cabelo e pigmentação; alergia; colite ulcerativa; pessoas com artrite costumam apresentar baixos índices de pantotenato*

recomendação diária *5 a 10 mg*

as fontes mais ricas em ácido pantotênico

medida	peso	alimento	mg
	50 g	FÍGADO DE PERU COZIDO	3.0
	50 g	BIFE DE FÍGADO DE BOI	3.0
	50 g	FÍGADO DE GALINHA COZIDO	3.0
	100 g	CORVINA COZIDA	2.5
4 cs	30 g	SEMENTES DE GIRASSOL SECAS ★	2.0
	50 g	FÍGADO DE VITELA GRELHADO	1.5
1/2 xc	80 g	COGUMELOS COZIDOS	1.5
1 xc	160 g	MILHO VERDE COZIDO	1.5
1 xc	100 g	FARINHA DE TRIGO-SARRACENO INTEGRAL ★	1.5
	100 g	SALMÃO ENLATADO	1.5
1 xc	85 g	FARINHA DE SOJA INTEGRAL	1.5
2 un	35 g	COGUMELOS SHIITAKE COZIDOS	1.5
	100 g	CARNE ESCURA DE PERU ASSADA	1.5
1 xc	250 g	SALADA DE BATATA COM MAIONESE E OVOS	1.5
1 cp	300 g	MILKSHAKE DE BAUNILHA	1.5
1 cp	300 g	MILKSHAKE DE CHOCOLATE	1.0
1 ft	180 g	QUICHE LORRAINE	1.0
1 xc	120 g	BROTO DE ERVILHA CRU	1.0
1 xc	110 g	BROTO DE TRIGO CRU	1.0
1 xc	160 g	ERVILHA FRESCA COM SUA VAGEM ★	1.0
	100 g	CARNE DE GALINHA ASSADA	1.0
1 xc	100 g	FARINHA DE TRIGO-SARRACENO CLARA ★	1.0
1 un	100 g	ABACATE	1.0
	100 g	CARNE DO PEITO DA GALINHA	1.0
1 un	150 g	ROMÃ CRUA	1.0
	100 g	TRUTA ARCO-ÍRIS ASSADA/GRELHADA	1.9
	100 g	VERMELHO/PARGO GRELHADO ★	.9
	100 g	ANCHOVA COZIDA	.8
1 xc	150 g	BRÓCOLIS COZIDO ★	.8
1 xc	250 g	LEITE COM 2% DE GORDURA	.8
2 cs	10 g	FARELO DE ARROZ CRU ★	.8
	100 g	BAGRE CRU	.8
	100 g	VERMELHO/PARGO CRU ★	.8
	100 g	CARPA CRUA	.8
1/2 xc	125 g	IOGURTE DESNATADO	.8
1 xc	200 g	ABÓBORA COZIDA	.7
1 un	150 g	BATATA-DOCE COZIDA SEM CASCA	.7
	50 g	AMENDOIM COBERTO POR CHOCOLATE	.7
	100 g	CARNE BRANCA DE PERU ASSADA	.7

medida	*peso*	*alimento*	*mg*
1 un	80 g	PANQUECA DE BATATA	.7
1 un	50 g	OVO COZIDO	.7
	100 g	LINGUADO COZIDO ★	.7
1 cs	8 g	LEVEDO DE CERVEJA	.7
1 un	70 g	MOELA DE PERU COZIDA	.6
1/2 xc	40 g	COGUMELOS ENLATADOS	.6
1 un	16 g	GEMA DE OVO CRUA ★	.6
1/2 xc	100 g	LENTILHA COZIDA ★	.6
1/2 xc	100 g	ERVILHA PARTIDA COZIDA ★	.6
1/2 xc	100 g	PURÊ DE BATATA COM LEITE E MARGARINA	.6
1 un	16 g	GEMA DE OVO COZIDA ★	.6
1 xc	100 g	ARROZ INTEGRAL COZIDO ★	.6
	100 g	ANCHOVA ASSADA/GRELHADA	.6
1/2 xc	120 g	MOUSSE DE CHOCOLATE	.6
1 un	100 g	BATATA ASSADA COM CASCA ★	.5
1 xc	150 g	MORANGO ★	.5
1 un	100 g	BATATA COZIDA SEM CASCA ★	.5
1 xc	100 g	FARINHA DE CENTEIO CLARA	.5
1 xc	250 g	SUCO DE ACEROLA FRESCO	.5
1 xc	250 g	SUCO DE LARANJA FRESCO	.5
1 xc	230 g	AVEIA EM FLOCOS COZIDA COM ÁGUA ★	.5
3 un	65 g	MOELA DE GALINHA COZIDA	.5
1 xc	250 g	SUCO DE GRAPEFRUIT FRESCO	.5
1/2 xc	130 g	PUDIM DE CHOCOLATE	.4
1 xc	180 g	LARANJA CORTADA ★	.4
1 xc	190 g	TANGERINA EM GOMOS	.4
3 cs	20 g	GERME DE TRIGO CRU	.4
	30 g	AMENDOIM TORRADO A SECO ★	.4
1 xc	240 g	SOPA DE VEGETAIS COM ÁGUA	.4

O ácido pantotênico é vital para todas as células, vegetais e animais, portanto está em todos os tecidos e todas as comidas. Moer destrói pelo menos 50% do conteúdo. Enlatar destrói 50 a 62%. Frutas congeladas perdem 7%, e vegetais 47%. É prejudicado pelo cozimento e na presença de álcool, ácidos (como vinagre), alcalóides (como fermento sódico), antibióticos, aspirina, cafeína, inseticidas e stress.

suplementos *Sem restrições. A geléia real é tida como o melhor deles*

sinergismo *O ácido pantotênico funciona em combinação com vitaminas do complexo B, vitamina C, cálcio, enxofre*

vitamina b6 *piridoxina*

Esta é essencial ao aproveitamento das proteínas e à produção de colágeno, e protege o fígado das toxinas, especialmente as que vêm das drogas químicas e do álcool.

sinais de alarme
Dermatite, anemia, gengivite, feridas na boca e na língua, náusea, nervosismo, depressão, convulsões de tipo epilético, sensibilidade a insulina; doenças hepáticas; elevação da taxa de colesterol no sangue; problemas no desenvolvimento, decadência de qualquer estrutura corporal (dentes, cérebro, músculos), deficiência imunológica; quanto mais proteína na dieta, maior a necessidade de vitamina B6

recomendação diária *1.6 a 2.5 mg*

base de cálculo: 2.0 mg de B6 para 100 gramas de proteína

as fontes mais ricas em vitamina b6

medida	*peso*	*alimento*	*mg*
2 cs	40 g	MELADO DE CANA INTEGRAL	1.00
	100 g	CORVINA	.80
	50 g	BIFE DE FÍGADO DE BOI	.70
1/2 xc	110 g	BANANA AMASSADA ★	.65
	100 g	CARNE DO PEITO DA GALINHA ASSADA	.60
	100 g	ANCHOVA GRELHADA	.50
	100 g	VERMELHO/PARGO COZIDO ★	.50
1/2 xc	75 g	BANANA EM RODELAS ★	.45
	100 g	ATUM FRESCO ★	.45
1 un	150 g	BATATA-DOCE COZIDA SEM CASCA	.40
1 xc	180 g	ESPINAFRE COZIDO ★	.40
2 cs	10 g	FARELO DE ARROZ CRU ★	.40
	100 g	ANCHOVA CRUA/COZIDA	.40
	100 g	VERMELHO/PARGO CRU ★	.40
1 cs	8 g	LEVEDO DE CERVEJA	.40
	100 g	HADDOCK DEFUMADO	.40
1 xc	85 g	FARINHA DE SOJA INTEGRAL	.40
1 un	100 g	BATATA ASSADA COM CASCA ★	.35
1 xc	250 g	SALADA DE BATATA COM MAIONESE E OVOS	.35
1 un	80 g	PANQUECA DE BATATA	.30
1 xc	120 g	BROTO DE ERVILHA CRU	.30
1 xc	110 g	BROTO DE TRIGO CRU	.30
1 un	100 g	BATATAS COZIDA E DESCASCADA	.30

medida	*peso*	*alimento*	*mg*
1 xc	200 g	ARROZ INTEGRAL COZIDO ★	.30
1/2 xc	100 g	ABACATE MÉDIO	.30
1 un	100 g	BATATA COZIDA SEM CASCA ★	.30
	50 g	FÍGADO DE PERU COZIDO	.30
	50 g	FÍGADO DE GALINHA COZIDA	.30
	50 g	FÍGADO DE VITELA GRELHADO	.25
3 cs	20 g	GERME DE TRIGO CRU	.25
4 cs	30 g	SEMENTES DE GIRASSOL TORRADAS ★	.25
	100 g	NAMORADO À MILANESA ★	.25
1/2 xc	100 g	PURÊ DE BATATA COM LEITE E MARGARINA	.25
	50 g	PERNIL MAGRO ASSADO	.25
1 xc	160 g	MELANCIA	.25
	100 g	CARÁ COZIDO	.25
1 xc	200 g	ABÓBORA COZIDA	.25
1/2 xc	75 g	BANANA-DA-TERRA CRUA EM RODELAS ★	.20
1 xc	165 g	MANGA	.20
3 cs	20 g	GERME DE TRIGO TORRADO	.20
	100 g	BAGRE CRU	.20
	100 g	CARPA CRUA	20
1/2 xc	75 g	BANANA-DA-TERRA COZIDA ★	.20
	30 g	AVELÃS SECAS	.20
1 xc	160 g	MELÃO	.20
1/2 xc	100 g	LENTILHA COZIDA ★	.20
1/2 xc	100 g	CEBOLA COZIDA ★	.15
4 un	12 g	DENTES DE ALHO FRESCOS ★	.15
1 xc	70 g	FOLHAS DE ABÓBORA COZIDAS	.15
2 cs	20 g	SEMENTES DE GERGELIM SECAS ★	.15
1 un	90 g	GOIABA	.15
1 un	50 g	PANQUECA DE FARINHA DE TRIGO INTEGRAL	.15
1 cp	300 g	MILKSHAKE DE BAUNILHA	.15
1 cp	300 g	MILKSHAKE DE CHOCOLATE	.15
1 ft	180 g	QUICHE LORRAINE	.15
1 cs	14 g	MAIONESE DE SOJA	.10
1/2 xc	40 g	COCO SECO	.10
5 un	40 g	AMEIXAS SECAS	.10
2 cs	8 g	FARELO DE TRIGO CRU	.10
1 xc	150 g	MORANGO ★	.10
2 un	40 g	FIGOS SECOS	.10
	30 g	CASTANHAS DE CAJU TORRADAS	.10
	30 g	AMENDOIM TORRADO ★	.10

►

medida	peso	alimento	mg
	30 g	CASTANHAS-DO-PARÁ ★	.10
1 xc	125 g	VAGEM COZIDA ★	.10
	30 g	MACADAMIAS SECAS	.05
1/2 xc	130 g	PUDIM DE CHOCOLATE	.05
1/2 xc	120 g	MOUSSE DE CHOCOLATE	.05
1 un	27 g	PANQUECA DE TRIGO-SARRACENO	.05
1 xc	240 g	SOPA DE VEGETAIS COM ÁGUA	.05
1 cp	150 g	VINHO TINTO	.05
1 cp	150 g	VINHO ROSÉ	.05

A B6 participa da conversão de proteína em energia e de glicogênio em glicose para os músculos, por isto é mais necessária quanto maior for a quantidade de proteína ingerida. Favorece a produção de células vermelhas, o funcionamento do tecido nervoso e o metabolismo das gorduras. Entre outras funções, contribui para a síntese de niacina a partir do triptofano.

Perde-se pela metade, ou mais, no refino e na moagem dos grãos e na industrialização das carnes; nos vegetais congelados desaparecem entre 37 e 56%, nos enlatados 57 a 77%; frutas congeladas perdem 15%, enlatadas 38%. Reduz-se pela exposição ao calor intenso e aos raios ultravioleta. Outros fatores que diminuem a absorção ou a disponibilidade de piridoxina: penicilaminas, isoniazidas, diuréticos, álcool, pílulas anticoncepcionais, gravidez, radiação, cafeína, cortisona, estrogênio, jejum, lactação, luz, dietas restritivas, tabaco, raios-x.

suplementos *Aumentam a necessidade de riboflavina. Têm sido utilizados no tratamento da esquizofrenia e, em associação com magnésio, nas síndromes de tensão pré-menstrual. Combatem a diabetes gravídica. Nas mulheres que tomam pílula, a curva glicêmica pode ser alterada em razão do bloqueio do ácido xanturênico sobre a insulina, e a B6 neutraliza o processo. Podem intoxicar em dosagens acima de 200 mg por dia*

sinergismo *A vitamina B6 funciona em combinação com vitaminas do complexo B, vitamina C, magnésio, sódio, potássio e ácidos graxos insaturados, especialmente o ácido linoleico*

vitamina b12 *cobalamina*

Essencial à estrutura e ao funcionamento do sistema nervoso. Somente os alimentos de origem animal e algumas algas frescas contêm vitamina B12, já que ela é produzida graças à síntese bacteriana, inclusive no nosso intestino. A deficiência de B12 pode causar formas graves de anemia, paralisia muscular e nervosa progressiva, desordens mentais e neurológicas com danos irreversíveis.

sinais de alarme Fraqueza, língua inflamada, dormência e formigamento das extremidades, palidez, tonteiras, irritabilidade, depressão, diarréia

recomendação diária 2.0 a 3.0 mcg

os alimentos mais ricos em vitamina b12

medida	peso	alimento	mcg
	30 g	FÍGADO DE BOI FRITO	33.50
	30 g	RIM DE BOI COZIDO	15.50
	30 g	FÍGADO DE PERU COZIDO	14.00
	100 g	ATUM FRESCO ★	9.50
	100 g	SARDINHA ENLATADA EM ÓLEO	9.00
	100 g	ANCHOVA GRELHADA	7.00
	30 g	FÍGADO DE GALINHA COZIDO	6.00
	100 g	CORVINA COZIDA	5.50
	100 g	ANCHOVA CRUA	5.50
	100 g	ANCHOVA COZIDA	5.00
	100 g	LINGUADO COZIDO ★	3.50
	100 g	VERMELHO/PARGO GRELHADO ★	3.50
	100 g	VERMELHO/PARGO CRU ★	3.00
	100 g	SALMÃO ENLATADO	3.00
	100 g	BAGRE CRU	2.00
	100 g	CARPA CRUA	1.50
1 un	70 g	MOELA DE PERU COZIDA	1.50
3 un	65 g	MOELA DE GALINHA COZIDA	1.50
	100 g	NAMORADO À MILANESA ★	1.00
1 cp	300 g	MILKSHAKE DE BAUNILHA	1.00
1 cp	300 g	MILKSHAKE DE CHOCOLATE	1.00
1 xc	250 g	LEITE COM 2% DE GORDURA	.90
2 cs	30 g	PATÊ DE FÍGADO	.80
1/2 xc	125 g	IOGURTE DESNATADO	.70
1 un	50 g	OVO CRU/COZIDO	.60
1/2 xc	120 g	MOUSSE DE CHOCOLATE	.60
1 un	16 g	GEMA CRUA/COZIDA	.50
1 xc	250 g	SALADA DE BATATA COM MAIONESE E OVOS	.40
1/2 xc	130 g	PUDIM DE CHOCOLATE	.25
	30 g	QUEIJO TIPO COTTAGE	.20
1 xc	250 g	LEITE DE CABRA	.20

Dietas vegetarianas com inclusão de laticínios e/ou ovos costumam ter B12 suficiente, e o fígado pode acumular B12 para três a seis anos, tornando desnecessário um consumo freqüente; não há qualquer evidência científica de que vegetarianos estritos que se alimentam bem tenham deficiência de B12. Entretanto, figuras importantes do mundo naturalista estão procurando alertar para o perigo da carência de vitamina B12. Uma delas é Rudolph Ballentine, médico e diretor do Himalayan Institute, autor de livros em que defende a dieta vegetariana. Através de um teste que verifica o índice de hipersegmentação nucleica do sangue, Ballentine descobriu carência de B12 num número surpreendente de vegetarianos que consomem laticínios e alguns não-vegetarianos. "É alarmante", diz Ballentine. "Antes achávamos que os sinais de deficiência eram primeiro a anemia, depois a degeneração do sistema nervoso. Agora vemos que os sintomas neurológicos podem preceder os hematológicos." Ele se preocupa com a possibilidade de que uma dieta só de vegetais provoque danos irreversíveis em algumas pessoas.

A vitamina B12 é sintetizada por bactérias, fungos e (mais raramente) algas, mas não por fermentos, plantas e animais. Pequeníssima quantidade é produzida pelas bactérias intestinais. Atua junto com a folacina na fabricação de células vermelhas do sangue e protege as fibras nervosas; por isso um suprimento alto de folacina pode esconder a deficiência de B12, embora ela seja relativamente rara em pessoas de alimentação normal. Gastrite, falta de ferro e de vitamina B6 diminuem a absorção de B12 pelo intestino, que depende ainda da mediação de uma glicoproteína chamada fator intrínseco de Castle, secretada pelo estômago. As pessoas idosas produzem menos fator intrínseco e podem apresentar carência de B12 com mais facilidade.

Perde-se na presença de álcool, cafeína, laxantes, pílulas anticoncepcionais, tabaco e reações auto-imunes.

suplementos *Sem restrições. Auxiliam no tratamento de distúrbios mentais graves, como a psicose. Também protegem contra a radiatividade do cobalto-60, que se aloja no fígado e nos órgãos reprodutivos. O levedo de cerveja só contém B12 se ela for especialmente adicionada*

sinergismo *A vitamina B12 funciona em combinação com vitaminas do complexo B, vitamina C, cálcio, ferro*

biotina *ex-vitamina h*

Está ligada às glândulas adrenais e à tireóide, ao sistema nervoso, ao aparelho reprodutor e à pele. A deficiência, que pode ser provocada por consumo excessivo de claras de ovo cruas, traz queda de cabelo, náuseas, vômitos, perda do apetite, insônia, letargia, problemas cardíacos, redução da resposta imunológica, depressão, dermatite seca, feridas que não fecham, aumento do colesterol sérico e dos pigmentos biliares, pouca resistência ao stress.

recomendação diária *Não estabelecida. A ingestão diária de biotina nos EUA vai de 28 a 42 mcg, enquanto no oeste europeu é estimada em 50 a 100 mcg. A dose ótima recomendada é de 30 a 100 mcg por dia*

os alimentos mais ricos em biotina

peso	alimento	mcg
50 g	FÍGADO DE GALINHA	100
100 g	FÍGADO DE BOI	30/40
100 g	RIM	25/10
16 g	GEMA DE OVO	16
100 g	FARINHA DE SOJA	60/70
100 g	CEREAIS *exceto trigo*	3/30
10 g	FERMENTO	10/20

A biotina é uma vitamina essencial a várias espécies animais, coadjuvante da B12 e de importantes processos metabólicos, mas ainda pouco pesquisada; contém enxofre, está presente em vários alimentos e também é sintetizada no intestino grosso por fungos e microrganismos, razão pela qual os antibióticos acabam com ela.

Sua absorção é reduzida ou impedida na presença de álcool, avidina (proteína da clara crua de ovo), cafeína, drogas à base de sulfa, oxidação; a necessidade aumenta durante a gravidez e a lactação.

suplementos *Sem restrições*

sinergismo *A biotina funciona em combinação com vitaminas do complexo B, vitamina C, enxofre*

ácido fólico *folacina, folato*

Unhas, cabelos, medula óssea, sistema imunológico, células vermelhas e algumas membranas mucosas dependem diretamente da folacina.

sinais de alarme *O mau estado das unhas e dos cabelos, insônia, memória falha, irritabilidade crônica, anemia, fraqueza, palidez, língua inflamada, insensibilidade ou agulhadas nas mãos e nos pés, indigestão, diarreia, depressão; em deficiência grave podem ser afetadas todas as funções nervosas e cerebrais. Um diagnóstico de senilidade pode estar ignorando uma forte carência de folato*

recomendação diária *180 a 400 mcg*
base de cálculo: 3 mcg por quilo de peso corporal

as fontes mais ricas em folacina

medida	peso	alimento	mcg
	50 g	FÍGADO DE GALINHA COZIDO	385
	50 g	FÍGADO DE VITELA GRELHADO	380

►

medida	peso	alimento	mcg
	50 g	FÍGADO DE PERU COZIDO	330
1 xc	85 g	FARINHA DE SOJA INTEGRAL	290
1 xc	180 g	AGRIÃO COZIDO ★	270
1 xc	180 g	ESPINAFRE COZIDO ★	260
1/2 xc	100 g	LENTILHA COZIDA ★	180
1 xc	120 g	BROTO DE ERVILHA CRU	170
1 xc	140 g	FOLHAS DE NABO COZIDAS	170
1/2 xc	80 g	GRÃO-DE-BICO COZIDO ★	140
1/2 xc	90 g	FEIJÃO-PRETO COZIDO ★	125
1 xc	70 g	BROTO DE SOJA CRU	120
1/2 xc	90 g	FEIJÃO-BRANCO COZIDO ★	120
1 xc	100 g	FARINHA DE TRIGO-SARRACENO INTEGRAL ★	120
1/2 xc	90 g	FEIJÃO-ROXINHO COZIDO ★	115
	50 g	BIFE DE FÍGADO DE BOI	110
1 xc	60 g	ESPINAFRE CRU ★	110
1/2 xc	90 g	FEIJÃO-FRADINHO COZIDO ★	105
1 cc	3 g	LEVEDO DE CERVEJA ★	105
1 xc	100 g	FARINHA DE TRIGO-SARRACENO CLARA ★	100
1 xc	120 g	BROTOS DE FEIJÃO REFOGADOS	90
1 xc	160 g	COUVE-DE-BRUXELAS COZIDA ★	90
1/2 xc	90 g	ASPARGOS COZIDOS	90
1 xc	160 g	BRÓCOLIS COZIDO ★	80
1 xc	60 g	ALFACE ROMANA CRUA	80
1 xc	250 g	SUCO DE LARANJA FRESCO	75
1 xc	130 g	BREDO/CARURU COZIDO	75
3 cs	20 g	GERME DE TRIGO TORRADO	75
1 xc	50 g	ESCAROLA CRUA	70
1 xc	170 g	COUVE-CHINESA/ACELGA COZIDA	70
1 xc	120 g	COUVE-FLOR COZIDA ★	65
1/2 xc	100 g	ERVILHA PARTIDA COZIDA ★	65
1/2 xc	100 g	ABACATE	60
1 un	120 g	ALCACHOFRA COZIDA	60
1 xc	130 g	FLOR DE ABÓBORA COZIDA	55
1/2 xc	85 g	BETERRABA CRUA ★	55
1 xc	180 g	LARANJA CORTADA ★	55
1 xc	140 g	MAMÃO	55
3 cs	20 g	GERME DE TRIGO CRU	50
1 xc	160 g	ERVILHA FRESCA COM SUA VAGEM ★	45
1 xc	70 g	COUVE-CHINESA/ACELGA CRUA	45
1/2 xc	85 g	BETERRABA COZIDA ★	45

medida	*peso*	*alimento*	*mcg*
	30 g	AMENDOIM TORRADO A SECO ★	45
1 xc	200 g	ABÓBORA COZIDA	40
1 xc	125 g	VAGEM COZIDA ★	40
	50 g	FÍGADO DE CARNEIRO GRELHADO	40
1 xc	70 g	REPOLHO CRU ★	40
1 xc	180 g	TANGERINA EM GOMOS	40
1 un	130 g	LARANJA DESCASCADA ★	40
1 xc	110 g	BROTO DE TRIGO CRU	40
	30 g	AMENDOIM TORRADO EM ÓLEO	35
1 un	70 g	MOELA DE PERU COZIDA	35
3 un	65 g	MOELA DE GALINHA COZIDA	35
1 xc	165 g	MANGA	30
	30 g	AMENDOINS COBERTOS POR CHOCOLATE	30
2 cs	30 g	MANTEIGA DE AMENDOIM	30
1 xc	160 g	MELÃO	25
1 xc	150 g	MORANGO ★	25
1 xc	250 g	SUCO DE GRAPEFRUIT FRESCO	25
1 un	16 g	GEMA DE OVO CRUA ★	25
	30 g	AMÊNDOAS COBERTAS POR CHOCOLATE	25
1 un	50 g	OVO COZIDO	20
	30 g	AVELÃS	20
1 un	16 g	GEMA DE OVO COZIDA ★	20
	30 g	CASTANHAS DE CAJU	20
1 xc	250 g	KEFIR COM 2% GORDURA	20
1/2 xc	90 g	FAVA	20
1 un	80 g	PANQUECA DE BATATA	20
1/2 xc	120 g	MOUSSE DE CHOCOLATE	20

A folacina é essencial na renovação das células, onde participa da formação de ácidos nucleicos (DNA e RNA); portanto indispensável à medula óssea, ao trato intestinal e à gestação. Participa intensamente da síntese e da degradação das proteínas. A deficiência afeta o sistema nervoso e as funções cerebrais e pode decorrer de abuso de álcool, queimaduras graves, perdas de sangue e doenças de pele.

Perde-se mais da metade por calor, contato com o ar e exposição à luz. Verduras devem ser guardadas embrulhadinhas na geladeira, pois se ficarem na temperatura ambiente, expostas, perdem 70% da folacina em três dias. O aproveitamento integral só se dá quando os vegetais são colhidos na hora de comer. Outros fatores prejudiciais à absorção da folacina são: álcool, cafeína, anticonvulsivos, pílulas anticoncepcionais, stress, drogas à base de sulfa, estreptomicina, fenobarbital; diarréia, mal de Hodgkin, leucemia.

suplementos *São bastante seguros, sobretudo quando tomados junto com vitamina B12. Têm sido utilizados para tratar hipoglicemia, psoríase, inflamação e sangramento das gengi-*

vas; síndrome de pernas inquietas nas mulheres grávidas; baby blues, ou psicose pós-parto. Não devem ser dados a pessoas que tomam drogas contra epilepsia

sinergismo *O ácido fólico funciona em combinação com vitaminas do complexo B, vitamina C*

colina

É um dos componentes do vasto complexo B, aparentemente uma vitamina que emulsifica ou degrada gorduras no corpo. Protege o fígado. Pode ser sintetizada pelo organismo a partir da metionina, um aminoácido que contém enxofre, e encontra-se com fartura na alimentação. Componente da lecitina, é importante para a estrutura de todas as membranas celulares, para as lipoproteínas do plasma e para a flexibilidade do tecido pulmonar; participa do neurotransmissor acetilcolina; é constituinte estrutural da esfingomielina do sistema nervoso central.

recomendação diária *Não estabelecida. Dosagem diária ótima para prevenção: 25 a 50 mg*

Existe em ampla variedade de alimentos: ovos, fígado e soja são ricos em lecitina, enquanto a colina livre é encontrada em vegetais como couve-flor e alface. Como a lecitina serve de agente emulsificante em chocolates, margarinas e outros produtos, estes também se tornam fonte de colina.

A absorção de colina se reduz por ação de álcool, açúcar, inseticidas e cafeína.

suplementos *Sem restrições*

sinergismo *A colina funciona em combinação com vitaminas A e do complexo B, manganês, ácido linoleico*

inositol

Insuficientemente pesquisado pela ciência, o inositol, outro componente do complexo B, é importante para o crescimento e a manutenção da vida. Concentra-se nos músculos do esqueleto e do coração, nos pulmões, fígado, cérebro, sangue, urina, no leite e nos ovos. Sabe-se que melhora a condução nervosa e protege o fígado de infiltrações gordurosas e lesões por toxinas.

A recomendação diária não foi estabelecida. Uma boa alimentação fornece cerca de 1.0 g de inositol por dia, e além disso parece que a fauna intestinal também sintetiza inositol (além de colina e B12). Boas fontes de inositol são lecitina, levedo, vísceras (fígado, rins, moela, coração), nozes, frutas, vegetais e grãos integrais.

suplementos Sem restrições

sinergismo O inositol funciona em combinação com vitaminas do complexo B, vitaminas C e E, fósforo, ácido linoleico

ácido paraminobenzóico PABA

Com esse nome pomposo, o ácido paraminobenzóico nem mesmo foi reconhecido como vitamina pelos órgãos oficiais; mas é utilíssimo na fabricação de filtros solares e tem sido usado para restabelecer a cor original de cabelos grisalhos, tratar doenças de pele como pênfigo, esclerodermia e até mesmo lupus eritematoso. Tem ação antioxidante e neutraliza ou reduz a intoxicação causada por ozônio, antimônio e arsênico. As fontes naturais de PABA são as que têm muita vitamina B, como fígado, levedo & cia. A recomendação diária não foi estabelecida.

suplementos Sem restrições

sinergismo O PABA funciona em combinação com vitaminas do complexo B e vitamina C

vitamina C ácido ascórbico

Antigamente era sintetizada dentro do corpo, e hoje, não se sabe por quê, perdemos essa capacidade; a vitamina C só pode ser obtida através da alimentação. É antioxidante e desintoxicante. Previne gripes, resfriados, fadiga, fraqueza muscular, desordens digestivas, infertilidade, infecções e, segundo o cientista Linus Pauling, até mesmo o câncer.

sinais de alarme feridas que custam a sarar, ossos quebrados que não colam, hemorragia, gengivas inflamadas, edema generalizado, dentes moles, pele emaciada, juntas inchadas; seguem-se anemia, perda de peso, irritabilidade, dores nas juntas, nas extremidades e nos músculos, ressecamento das glândulas lacrimais, depressão, histeria, hipocondria e outras desordens emocionais ou neurológicas. Nas crianças a carência de vitamina C retarda o desenvolvimento.

recomendação diária 60 a 100 mg. A demanda aumenta quando há stress, físico ou mental, e na idade avançada

as fontes mais ricas em vitamina c

medida	*peso*	*alimento*	*mg*
1 xc	250 g	SUCO DE ACEROLA	3870
2 un	100 g	CAJU	220
1 un	90 g	GOIABA	165
1 xc	250 g	SUCO DE LARANJA FRESCO	125
1 xc	160 g	BRÓCOLIS COZIDO ★	120
1 xc	160 g	COUVE-DE-BRUXELAS COZIDA ★	100
1 xc	180 g	LARANJA CORTADA ★	95
1/2 xc	50 g	PIMENTÃO VERMELHO CRU	95
1 xc	150 g	MORANGO ★	85
1 xc	160 g	ERVILHA FRESCA COM SUA VAGEM ★	75
1 un	75 g	KIWI	75
1 xc	250 g	SUCO DE LIMA	70
1 xc	120 g	COUVE-FLOR COZIDA ★	70
1 xc	160 g	MELÃO CANTALOUPE	65
1 xc	100 g	AZEDINHA CRUA	65
1 xc	190 g	TANGERINA EM GOMOS	60
1 xc	130 g	BREDO/CARURU COZIDO	55
1 xc	130 g	COUVE COZIDA ★	50
1 xc	165 g	MANGA	45
1/2 xc	50 g	PIMENTÃO VERDE CRU	45
1 xc	170 g	COUVE-CHINESA/ACELGA COZIDA	45
1 xc	140 g	FOLHAS DE NABO COZIDAS	40
1 xc	150 g	REPOLHO COZIDO ★	40
1 xc	140 g	FOLHAS DE MOSTARDA COZIDAS	40
1 un	150 g	BATATA-DOCE COZIDA SEM CASCA	40
1/2 xc	50 g	COUVE-FLOR CRUA ★	35
1/2 xc	100 g	TOMATE FRESCO	35
1 xc	200 g	ABÓBORA COZIDA	30
1 xc	70 g	COUVE-CHINESA/ACELGA CRUA	30
1 xc	70 g	REPOLHO CRU ★	30
2 xc	70 g	AGRIÃO CRU ★	30
1/2 xc	90 g	ASPARGO FRESCO COZIDO	25
2 un	100 g	BATATA-BAROA/MANDIOQUINHA	25

medida	peso	alimento	mg
1 xc	160 g	ABACAXI	25
1/2 xc	100 g	TOMATE AFERVENTADO	25
1 xc	180 g	AGRIÃO COZIDO ★	25
1 xc	250 g	SALADA DE BATATA COM MAIONESE E OVOS	25
1 xc	180 g	ESPINAFRE COZIDO ★	20
1 xc	100 g	FOLHAS DE DENTE-DE-LEÃO COZIDAS	20
5 un	50 g	RAIZ-DE-LÓTUS CRUA	20
3 cs	45 g	SUMO DE LIMÃO FRESCO	20
1 xc	60 g	ESPINAFRE CRU ★	20
1 xc	130 g	AZEDINHA COZIDA	20
1 xc	100 g	FRUTA-DE-CONDE/PINHA	20
1/2 xc	90 g	ASPARGO ENLATADO	20
1/2 xc	70 g	FOLHAS DE BETERRABA COZIDAS	20
	50 g	PUPUNHA	15
1/2 xc	120 g	CHUCRUTE	15
1 xc	130 g	COUVE-MANTEIGA COZIDA ★	15
1 xc	160 g	MELANCIA	15
3 cs	12 g	SALSA FRESCA	15
5 un	50 g	RAIZ-DE-LÓTUS COZIDA	15
1/2 xc	65 g	NABO CRU ★	15
1/2 xc	75 g	BANANA-DA-TERRA CRUA ★	15
1 xc	170 g	PÊSSEGO CORTADO	10
1 un	135 g	NECTARINA	10
1 xc	120 g	BROTO DE ERVILHA CRU	10
1 xc	70 g	BROTO DE SOJA CRU	10
1 xc	125 g	VAGEM COZIDA ★	10
	50 g	BIFE DE FÍGADO DE BOI	10
1 xc	120 g	BELDROEGA/ORA-PRO-NÓBIS COZIDA	10
10 un	50 g	RABANETE ★	10
1/2 xc	60 g	ERVILHA FRESCA/PETIT POIS ★	10
1/2 xc	110 g	BANANA AMASSADA ★	10
1 xc	140 g	QUÍNOA	10
3 cs	19 g	CEBOLINHA VERDE PICADA	10
1/2 xc	80 g	NABO COZIDO ★	10
1 xc	120 g	BELDROEGA/ORA-PRO-NÓBIS CRUA	10
1 xc	40 g	COUVE-MANTEIGA CRUA ★	10
1 xc	60 g	ALFACE ROMANA	10
1 xc	130 g	FLOR DE ABÓBORA COZIDA	5
1 xc	60 g	VINAGREIRA/CUXÁ/ROSÉLIA/CARURU AZEDO	5
1 cs	5 g	CASCA DE LIMÃO FRESCA	5
1 un	50 g	PEQUI	5

A vitamina C é das mais ativas e sensíveis entre as vitaminas. Forma proteínas como o colágeno, que mantém juntas as células dos tecidos, incluindo os ósseos; participa do metabolismo das proteínas, da produção de hormônios e de várias sínteses vitais; envolve-se em variadíssimas reações orgânicas; fortalece os vasos sanguíneos; e acima de tudo é antioxidante, prevenindo portanto o envelhecimento. Dobra ou triplica a absorção de ferro pelo organismo quando ambos estão presentes na refeição e protege da oxidação o ferro, o cálcio, as vitaminas A e E e várias das vitaminas B; aumenta a absorção de cálcio e de certos aminoácidos; inibe a destruição da tiamina/B1 pelo tanino (daí o chá com limão dos ingleses); converte o cromo hexavalente, tóxico, em cromo trivalente, nutritivo. No estômago, impede a formação de nitrosaminas, agentes comprovadamente cancerígenos oriundos dos nitratos e nitritos usados para conservar carnes embutidas como salame, salsicha, presunto etc. Habilita o organismo a suportar melhor o frio e o calor. Desintoxica o fígado e os pulmões. A vitamina C e os bioflavonóides fazem uma barreira contra infecções. Esse complexo vitamínico C é vital para o funcionamento da tireóide e também das glândulas adrenais, que controlam a capacidade de adaptação do corpo a situações de stress e afetam diretamente o pâncreas e o nível de açúcar no sangue.

Perde-se muito rapidamente a vitamina C quando os vegetais são cortados ou machucados; pela exposição ao ar e calor; em longos períodos de armazenagem; por oxidação e pasteurização; por excesso de proteína, cobre ou ferro na dieta; por poluição ambiental, ingestão de álcool, aspirina, antibióticos, barbitúricos, DDT, cortisona, drogas contendo estrogênio, pílulas anticoncepcionais, tetraciclina, analgésicos, inalação de fumaça de tabaco; durante infecções, stress e menstruação; e no envelhecimento. É mais estável em frutas cítricas.

suplementos *sem restrições, mas megadoses precisam ser acompanhadas de vitamina E para prevenir a oxidação da própria vitamina C. Os suplementos ditos naturais costumam ser 95% sintéticos e 200% mais caros. Além dos benefícios mais divulgados, 500 a 2000 mg diários de vitamina C, ácido ascórbico ou ainda ascorbato de sódio (para quem não tem restrições ao sódio) parecem proteger de doenças cardiovasculares, reduzir a fragilidade dos capilares sanguíneos e prevenir cataratas nos diabéticos, evitar o câncer cervical nas mulheres, ajudar pessoas com tumores e lesões nos ossos, reverter o glaucoma, melhorar a artrite e influir positivamente em casos de esquizofrenia, mania, depressão e paranóia. Bebês alimentados com leite de vaca precisam de complemento alimentar com vitamina C (geralmente suco de laranja-lima), que o leite materno possui em quantidade suficiente*

sinergismo *a vitamina C atua junto com os bioflavonóides*

bioflavonóides

ANTI • OXIDANTE •

Nem vitaminas nem minerais, os bioflavonóides são um conjunto de substâncias que acompanham ou funcionam em parceria com a vitamina C. Possuem comprovada capacidade antiviral e antiinflamatória. São utilizados no tratamento de doenças cardíacas e cerebrovasculares, por sua especialidade em fortalecer os vasos sanguíneos e contrair os capilares. Evitam a formação de coágulos e os sangramentos uterinos anormais. Podem impedir a catarata nos diabéticos, interferindo num processo que transforma a glicose em sorbitol e o faz cristalizar sob o tecido ocular. Curiosidade: já foram conhecidos como vitamina P.

Os bioflavonóides estão presentes em folhas, caules, flores, frutos e raízes da maioria das plantas. Os mais ativos, por isso recomendados contra deficiências, são os bioflavonóides cítricos. A parte branca da laranja e das outras frutas cítricas são grandes fontes — há dez vezes mais substância ativa nas partes sólidas do que no suco das frutas. Como é a luz que estimula sua formação, os bioflavonóides se concentram mais na parte externa dos vegetais. Perdem-se por efeito de poluição atmosférica, aspirina, cortisona, DDT, diuréticos, diaforéticos, excesso de sal, excesso de água entrando ou saindo, febre, calor, oxidação, pasteurização, tabaco, stress

sinais de alarme *Os mesmos que se referem à carência de vitamina C*

recomendação diária *Não estabelecida*

suplementos *Sem restrições. Os bioflavonóides mais conhecidos são rutina, quercetina e esperidina. A quercetina tem propriedades anti-histamínicas, sendo recomendada contra alergias em geral, asma, úlceras, artrite, menopausa, tensão pré-menstrual, diabetes e contusões*

vitamina d *calciferol*

Pense em ossos e cartilagens, portanto em crescimento e solidez do esqueleto: isso depende da vitamina D. A deficiência prolongada causa raquitismo nas crianças (ossos fracos, pequenos e finos) e osteomalacia nos adultos (ossos e dentes moles, desmineralizados, deformados), além de fraqueza muscular, osteoporose, envelhecimento precoce.

sinais de alarme *Do raquitismo: irritabilidade e inquietação no bebê, crânio mole, a moleira que não fecha e o nascimento tardio de dentes malformados que caem logo*

recomendação diária *200 a 400 IU*
ou 5 a 10 mcg (40 IU = 1 mcg)

os alimentos mais ricos em vitamina d

medida	*peso*	*alimento*	*IU*
	30 g	ENGUIA DEFUMADA	1810
1 cs	13 g	ÓLEO DE FÍGADO DE BACALHAU ★	1040
	30 g	ARENQUE CRU	260
	30 g	SALMÃO EM LATA	140
	30 g	SARDINHA EM LATA	90
1 un	16 g	GEMA DE OVO CRUA ★	30
	50 g	FÍGADO DE GALINHA COZIDO	30
1 un	16 g	GEMA DE OVO COZIDA ★	25

Esta vitamina tem a peculiaridade de se formar quando os raios de sol atingem a pele; age também como um hormônio, que regula a atividade de uma enzima, que por sua vez ativa a própria vitamina D para que ela facilite a absorção de cálcio e fósforo pelo sangue. Participa ainda do mecanismo que regula a tireóide e a paratireóide.

Não é solúvel em água, só em gordura. Não se perde com facilidade durante o processamento. Nos EUA, todo leite é fortificado com vitamina D. Algumas substâncias interferem com seu aproveitamento pelo organismo — álcool, cortisona, barbituratos, drogas anticonvulsões e anticolesterol, pílulas anticoncepcionais, óleo mineral usado como laxante, poluição atmosférica.

Meia hora diária de exposição ao sol fornece toda a vitamina D de que o corpo precisa, em caso de pele clara; quando a pele é mais pigmentada, o tempo necessário é duas a três vezes maior. Na pessoa idosa a capacidade de síntese cai 50%. A vitamina D armazenada no fígado durante o verão vai suprir a carência do inverno; mas atenção, não vale o sol que passa através da vidraça. A síndrome de abstinência de sol também provoca depressão em pessoas que vivem longos invernos ou em lugares sombrios.

suplementos podem ser tóxicos, especialmente acima de 25 mg por dia. Doses excessivas de vitamina D removem cálcio e fósforo dos ossos e os depositam nos tecidos moles dos rins, coração, pulmão e vasos sanguíneos

ANTI OXIDANTE

vitamina e *tocoferol*

Antioxidante, vital para todos os tecidos e para o sangue; daí sua fama de vitamina afrodisíaca, elixir da fertilidade e fonte da eterna juventude. Exagero? Talvez. Não há evidências científicas a confirmar tudo isso, mas a verdade é que grande parte dos portadores de doenças crônicas ou degenerativas apresenta baixo teor de vitamina E no sangue.

sinais de alarme *As deficiências específicas são raras, a não ser diante de consumo excessivo de gorduras polinsaturadas (que vão demandar mais vitamina E como antioxidante), utilização de óleo mineral como laxante ou de oxigênio por vias artificiais (que vai aumentar a taxa de oxidação).*

recomendação diária *8 a 11 mg*

equivalências: 1.0 mg vitamina E = 1 IU = 1 TE (tocoferol equivalente) = 1.0 mg RRR-alfatocoferol = 0.5 betatocoferol = 0.74 mg all-rac-tocoferol (sintético)

as fontes mais ricas em vitamina e

medida	*peso*	*alimento*	*mg*
2 cs	26 g	ÓLEO DE GERME DE TRIGO	69.0
2 cs	26 g	ÓLEO DE SOJA	25.5
2 cs	26 g	ÓLEO DE MILHO	22.5
1 xc	250 g	SALADA DE BATATA COM MAIONESE E OVOS	19.0
2 cs	26 g	ÓLEO DE SEMENTES DE ALGODÃO	18.0
2 cs	26 g	ÓLEO DE GIRASSOL	13.0
2 cs	26 g	ÓLEO DE AMÊNDOA	11.0
2 cs	26 g	ÓLEO DE AÇAFROA	10.5
4 cs	30 g	SEMENTES DE GIRASSOL SECAS ★	10.0
22 un	30 g	AMÊNDOAS TORRADAS	10.0
	50 g	AMÊNDOAS COBERTAS POR CHOCOLATE	9.0
2 cs	26 g	ÓLEO DE GERGELIM ★	8.0
1 xc	100 g	FARINHA DE TRIGO-SARRACENO INTEGRAL ★	8.0
1 cs	14 g	MAIONESE DE SOJA	8.0
	30 g	AVELÃS	7.0
1 xc	85 g	FARINHA DE SOJA INTEGRAL	7.0
2 cs	26 g	ÓLEO DE AMENDOIM	7.0
1 xc	130 g	COUVE COZIDA ★	7.0
22 un	30 g	AMÊNDOAS SECAS	6.5
3 cs	20 g	GERME DE TRIGO TORRADO	6.0
1 ft	180 g	QUICHE LORRAINE	5.5
1 cs	13 g	AZEITE-DE-DENDÊ	5.0
	30 g	MACADAMIAS	5.0
	50 g	AMENDOINS COBERTOS POR CHOCOLATE	5.0
1 xc	160 g	ERVILHA COM SUA VAGEM ★	4.5
1 xc	100 g	FARINHA DE TRIGO-SARRACENO CLARA ★	4.5
1 cs	15 g	MAIONESE COMERCIAL	4.5
1 xc	180 g	ESPINAFRE COZIDO ★	4.0

►

medida	*peso*	*alimento*	*mg*
1/2 xc	65 g	DAMASCOS SECOS	4.0
1 cs	14 g	MOLHO TÁRTARO	4.0
2 cs	26 g	AZEITE DE OLIVA ★	3.5
	30 g	SEMENTES DE ABÓBORA SECAS	3.0
1 xc	120 g	FARINHA DE TRIGO INTEGRAL	3.0
1 cs	13 g	ÓLEO DE FÍGADO DE BACALHAU ★	3.0
1/2 un	75 g	BATATA-DOCE COZIDA SEM CASCA	3.0
	30 g	AMENDOIM TORRADO A SECO ★	3.0
3 cs	20 g	GERME DE TRIGO CRU	3.0
1 xc	180 g	ACELGA BRASILEIRA COZIDA ★	3.0
1/2 un	75 g	BATATA-DOCE ASSADA COM CASCA	3.0
1 xc	250 g	LEITE HUMANO	2.5
	30 g	CASTANHAS DE CAJU TORRADAS A SECO	2.0
2 cs	10 g	FARELO DE ARROZ CRU ★	2.0
1 xc	160 g	MANGA	2.0
	30 g	SOJA TORRADA	2.0
1 un	75 g	WAFFLE	2.0
1 xc	170 g	PÊSSEGO CORTADO	1.5
1 un	50 g	PANQUECA DE FARINHA DE TRIGO INTEGRAL	1.5
1 xc	200 g	ABÓBORA COZIDA	1.5
1 xc	200 g	ARROZ INTEGRAL COZIDO ★	1.5
1/2 un	100 g	ABACATE	1.5
1 un	27 g	PANQUECA DE TRIGO-SARRACENO	1.0
1/2 xc	120 g	MOUSSE DE CHOCOLATE	1.0
1 cp	300 g	MILKSHAKE DE CHOCOLATE/BAUNILHA	0.7
1 cs	15 g	MOSTARDA PREPARADA	0.7
2 cs	26 g	ÓLEO DE MANTEIGA/GHEE	.7

A maior virtude da vitamina E parece ser sua ação antioxidante: evita que os ácidos graxos (óleos e gorduras) do corpo sejam afetados pelos radicais livres que produzem oxidação e ranço. Como todas as membranas e submembranas de todas as células do corpo contêm ácidos graxos, a vitamina E desempenha um papel fundamental na manutenção da saúde; nisto é semelhante à vitamina C, e age em parceria com o selênio. Apresenta-se em várias formas de tocoferóis, das quais a mais ativa é o d-alfatocoferol, e também existe em forma de tocotrienol.

Perde-se no processamento dos grãos, no congelamento, na armazenagem por longos períodos e nas frituras, embora não no cozimento normal; também se perde em contato com a poluição atmosférica e na presença de antibióticos, cloro, estrogênio, ferro inorgânico, pílulas anticoncepcionais, oxidação, gorduras e óleos rançosos, excesso de gorduras e de óleos insaturados, fumaça de tabaco.

suplementos *100 a 800 mg por dia reduzem significativamente sintomas da síndrome pré-menstrual como tensão nervosa, humor instável, irritabilidade, ansiedade, depressão, insônia, dor de cabeça, ataques de comilança, tontura, desmaios, confusão mental, avoamento, choro e ranger de dentes*

vitamina k

Ela ativa as proteínas que coagulam o sangue; vem principalmente da síntese bacteriana intestinal. A deficiência produz hemorragia. Não se perde com o calor, mas sim com luz, oxidação, ácidos e alcalinos; e os antibióticos acabam com ela.

recomendação diária *45 a 90 mcg*

base de cálculo: 1 a 2 mcg por quilo de peso corporal

as fontes mais ricas em vitamina k

medida	*peso*	*alimento*	*mcg*
	30 g	ALGA DULSE SECA	480
1 xc	60 g	FOLHAS DE NABO	365
1 xc	90 g	BRÓCOLIS ★	175
1 xc	60 g	ESPINAFRE ★	150
1 xc	70 g	REPOLHO ★	105
1 xc	100 g	COUVE-FLOR ★	95
1 cs	13 g	ÓLEO DE SOJA	70
1 xc	60 g	ALFACE	65
1 un	50 g	BIFE DE FÍGADO DE BOI	50
1/2 xc	100 g	TOMATE VERDE	45
1 xc	125 g	VAGEM COZIDA ★	45
	50 g	FÍGADO DE GALINHA	40
1 xc	100 g	BROTOS DE FEIJÃO	40
1 xc	120 g	FARINHA DE TRIGO INTEGRAL	35
1/2 xc	90 g	ASPARGOS COZIDOS	25
1 un	16 g	GEMA DE OVO	25
1/2 xc	100 g	TOMATE MADURO	20
1 xc	150 g	MORANGO ★	20
3 cs	15 g	AVEIA EM FLOCOS ★	10
1 xc	250 g	LEITE DE VACA	10
2 cs	8 g	FARELO DE TRIGO	10
1 un	130 g	LARANJA DESCASCADA ★	5

suplementos *não recomendáveis sem rigoroso controle médico*

minerais Enquanto as vitaminas são perecíveis, os sais minerais ficam até mesmo depois da morte: voltam à terra, de onde passam às plantas que nós e os animais comemos. As pesquisas científicas comprovam cada vez mais sua importância para o desempenho biológico. Sódio, potássio, cloreto, cálcio, fósforo e magnésio são chamados de minerais essenciais, numa definição meio antiga, só por serem necessários em mais de 100 mg por dia. Os outros, de que precisamos em quantidades menores mas nem por isso menos expressivas (tamanho não é documento), são chamados de minerais-traço ou elementos-traço: ferro, cobre, iodo, manganês, zinco, selênio, flúor, cromo, molibdênio, cobalto, arsênico, níquel, sílica, estanho, lítio, boro, vanádio e muitos outros que ainda estão sendo identificados.

sódio

É o principal regulador de líquidos no corpo, e requer potássio para se equilibrar. O excesso de sódio devido ao uso indiscriminado de sal preocupa mais que a carência, raríssima, que provoca dor de cabeça, cãibras, fraqueza e colapso dos vasos sanguíneos, mas só aparece em casos de desidratação grave e doenças renais. A presença de muito sódio no sangue é perigosa para pessoas com alta pressão sanguínea ou hipertensão arterial; produz retenção de líquido, reumatismo, aumento do ácido úrico e baixa de potássio. Numa alimentação comum, apenas 10% do sódio são naturais dos alimentos. 15% são adicionados como tempero e 75% vêm dos processos de industrialização.

recomendação diária/rda para adultos, mínimo 500 mg, máximo entre 2000 e 2400 mg. Crianças e adolescentes têm necessidades menores

os alimentos mais ricos em sódio

medida	peso	alimento	mg
1 cc	6 g	SAL	2130
2 cs	36 g	MOLHO DE SOJA/SHOYU ★	2060
1 un	150 g	SANDUÍCHE DE PRESUNTO E QUEIJO QUENTE	1610
1 xc	250 g	SALADA DE BATATA COM MAIONESE E OVOS	1320
1 un	120 g	SANDUÍCHE DE PRESUNTO	1200
	100 g	BACALHAU DEFUMADO	1170
1 un	120 g	SANDUÍCHE DE QUEIJO QUENTE	1160
1 un	6 g	TABLETE DE CALDO DE GALINHA	1120
1 un	6 g	TABLETE DE CALDO DE CARNE	1020
1 xc	250 g	SOPA DE CEBOLA (PÓ + ÁGUA)	1010
1 xc	250 g	SOPA DE ERVILHA COM BACON (PÓ + ÁGUA)	1010
1 xc	250 g	MACARRÃO COM MOLHO DE TOMATE E QUEIJO	950
1 un	100 g	SANDUÍCHE DE PEITO DE PERU	950
10 un	40 g	AZEITONAS VERDES GRANDES	940
	50 g	SALAME SUÍNO/BOVINO	930
1 xc	250 g	SOPA DE TOMATE COM ÁGUA	870
	100 g	ARENQUE EM CONSERVA	870
1 xc	240 g	SOPA DE VEGETAIS COM ÁGUA	820
1 xc	250 g	CALDO DE GALINHA/TABLETE	790
1/2 xc	120 g	CHUCRUTE	780
1 xc	260 g	CALDO DE GALINHA CASEIRO	780

►

medida	peso	alimento	mg
1 un	100 g	SANDUÍCHE DE PRESUNTO DE PERU	770
	100 g	HADDOCK DEFUMADO	760
	20 g	ANCHOVAS ENLATADAS EM ÓLEO	730
	50 g	PRESUNTO FATIADO EXTRAMAGRO	710
	50 g	PRESUNTO COMUM	660
	100 g	CHEESEBURGUER	650
1 ft	180 g	QUICHE LORRAINE	650
	50 g	PICLES COMERCIAIS EM GERAL	640
1 cs	17 g	MISSO/MASSA DE SOJA ★	630
	50 g	MORTADELA SUÍNA/BOVINA	620
	50 g	LINGÜIÇA SUÍNA/BOVINA	560
	100 g	ESPETINHO DE PEITO DE PERU	550
	30 g	QUEIJO GORGONZOLA	540
	30 g	QUEIJO ROQUEFORT	540
	50 g	SALSICHA SUÍNA/BOVINA	530
	50 g	PASTRAMI DE PERU	520
	50 g	LINGÜIÇA BOVINA	510
1 un	100 g	SANDUÍCHE DE ROSBIFE/CARNE ASSADA	500
	100 g	SARDINHAS ENLATADAS EM ÓLEO	500
	50 g	SALSICHA DE CARNE DE PERU	500
1 un	100 g	HAMBURGUER	490
1 un	100 g	SANDUÍCHE DE SALADA DE ATUM	480
	30 g	QUEIJO PARMESÃO	480
2 cs	35 g	CHILI (MOLHO DE TOMATE CONDIMENTADO)	460
3 un	45 g	SALSICHA VIENA EM LATA	460
1 un	75 g	WAFFLE	450
1/2 xc	125 g	SUCO DE TOMATE EM LATA COM SAL	440
3 ft	20 g	BACON EM FATIAS	420
1 un	100 g	SANDUÍCHE SALADA DE GALINHA	420
1 un	100 g	SANDUÍCHE SALADA DE OVO	420
10 un	45 g	AZEITONAS PRETAS GRANDES	390
	50 g	SALMÃO DEFUMADO	390
3 un	50 g	SALSICHA DE PERU DEFUMADA	390
1 un	80 g	PANQUECA DE BATATA	390
	100 g	ATUM ENLATADO EM ÓLEO	350
1 xc	180 g	ACELGA BRASILEIRA COZIDA ★	310
	20 g	CAVIAR PRETO/VERMELHO	300
1 cp	300 g	MILKSHAKE DE CHOCOLATE	290
	30 g	QUEIJO PROVOLONE	260

medida	peso	alimento	mg
	30 g	QUEIJO CAMEMBERT	250
1 xc	250 g	ÁGUA DE COCO	250
1 cp	300 g	MILKSHAKE DE BAUNILHA	250
	30 g	QUEIJO GOUDA	240
	30 g	QUEIJO LIMBURGER	240
1 pç	50 g	BATATA CHIPS	230
22 un	30 g	AMÊNDOAS TORRADAS SALGADAS	230
	30 g	QUEIJO TILSIT DE LEITE INTEGRAL	230
2 cs	12 g	QUEIJO PARMESÃO RALADO	220
	100 g	CAMARÕES COZIDOS	220
	100 g	BACALHAU ASSADO ★	220
1 cs	15 g	MOSTARDA PREPARADA	200
	30 g	CASTANHAS DE CAJU TORRADAS	190
	30 g	QUEIJO CHEDDAR	190
	50 g	CHIPS DE INHAME	180
4 cs	30 g	SEMENTES DE GIRASSOL TORRADAS ★	180
1 cs	15 g	CATCHUP	180
2 xc	22 g	PIPOCA FRITA EM ÓLEO COM SAL	170
1 xc	230 g	IOGURTE DESNATADO	170
1 ft	30 g	PUMPERNICKEL/PÃO TIPO SUECO	170
	100 g	NAMORADO À MILANESA ★	170
1 ft	30 g	PÃO DE CENTEIO CLARO	170
	30 g	QUEIJO PORT-SALUT	160
1 ft	30 g	PÃO DE TRIGO INTEGRAL	160
1 ft	30 g	PÃO DE AVEIA ★	150
1 un	50 g	PANQUECA DE FARINHA DE TRIGO INTEGRAL	150
1 cs	13 g	MARGARINA CREMOSA	140
	30 g	QUEIJO MOZZARELA SEMIDESNATADO	140
1 xc	150 g	AIPO COZIDO	140
2 cc	11 g	MOSTARDA PREPARADA	130
	30 g	AMENDOIM TORRADO EM ÓLEO COM SAL	130
1 xc	180 g	ESPINAFRE COZIDO ★	130
1 un	27 g	PANQUECA DE TRIGO-SARRACENO	130
	30 g	QUEIJO COTTAGE	120
1 xc	250 g	LEITE COMUM COM 2% DE GORDURA	120
1 cs	13 g	MANTEIGA COMUM COM SAL	120
	100 g	ARENQUE ASSADO/GRELHADO	120
	100 g	LINGUADO ASSADO/GRELHADO ★	110
	30 g	QUEIJO GRUYÈRES	100
1 cs	15 g	MAIONESE COMERCIAL	100

Sódio, potássio e cloreto são eletrólitos, substâncias que se dissociam em íons quando se encontram num meio líquido, tornando-se assim capazes de conduzir uma corrente elétrica. Vêm naturalmente na água e, com sua capacidade de bombear, garantem o abastecimento de nutrientes para o interior das células e a eliminação dos resíduos. Sódio e potássio determinam o equilíbrio ácido/básico do corpo, e sua relação no organismo é de aproximadamente 1 parte de sódio para 3 de potássio; o sódio participa ainda da geração de impulsos nervosos e do metabolismo de carboidratos e proteínas. O fluido externo das células contém a maior parte do sódio do corpo. A presença de sódio depende de fatores dietéticos, ambientais (calor, frio, pressão atmosférica) e ainda do hormônio aldosterona, gerado pelos rins. Quando o consumo de sódio é alto, a produção de aldosterona cai e há mais excreção de sódio pela urina; quando o consumo de sódio é baixo, o rim produz mais aldosterona e há menos eliminação pela urina.

potássio

Contribui para a transmissão dos impulsos nervosos, o controle das contrações musculares do esqueleto e a normalidade da pressão sanguínea. Interage com o sódio no equilíbrio dos fluidos corporais e participa do metabolismo de carboidratos e proteínas; sua presença no plasma é regulada pelos rins.

sinais de alarme *Excitação nervosa, fraqueza muscular, náusea, ansiedade, tontura, falta de apetite, alterações cardíacas e comportamento irracional; mais comuns em quadros prolongados de vômito e diarréia, ou por abuso de laxantes e diuréticos. Em casos extremos a musculatura cardíaca pode ser afetada, causando irregularidade nos batimentos e morte.*

recomendação diária *2000 a 3500 mg*

as fontes mais ricas em potássio

medida	*peso*	*alimento*	*mg*
1 xc.	85 g	FARINHA DE SOJA INTEGRAL	2140
2 cs	40 g	MELADO DE CANA INTEGRAL	1180
1 xc	180 g	ACELGA BRASILEIRA COZIDA ★	960
1 xc	130 g	BREDO/CARURU COZIDO	850
1 xc	180 g	ESPINAFRE COZIDO ★	840
1 xc	250 g	SUMO DE CENOURA ★	720
1 xc	250 g	SUMO DE MARACUJÁ AMARELO	690

medida	*peso*	*alimento*	*mg*
1/2 xc	70 g	FOLHAS DE BETERRABA COZIDAS	650
1 xc	130 g	INHAME COZIDO ★	640
	100 g	TRUTA ARCO-ÍRIS GRELHADA	630
1 xc	170 g	COUVE-CHINESA/ACELGA COZIDA	630
1 xc	250 g	SALADA DE BATATA COM MAIONESE E OVOS	630
1 cp	300 g	MILKSHAKE DE CHOCOLATE	600
1 xc	250 g	ÁGUA DE COCO	600
1/2 un	100 g	ABACATE	600
1 xc	200 g	ABÓBORA COZIDA	580
	100 g	HALIBUT	560
1 xc	120 g	BELDROEGA/ORA-PRO-NÓBIS COZIDA	560
1 un	80 g	PANQUECA DE BATATA	540
1 cp	300 g	MILKSHAKE DE BAUNILHA	520
	100 g	VERMELHO/PARGO GRELHADO	520
1 un	150 g	BATATA-DOCE ASSADA COM CASCA	520
1 xc	100 g	AZEDINHA CRUA	520
1 xc	250 g	LEITE DE CABRA	500
1 xc	180 g	AGRIÃO COZIDO ★	500
1 xc	250 g	SUCO DE LARANJA FRESCO	500
1 xc	160 g	MELÃO	490
1 xc	160 g	COUVE-DE-BRUXELAS COZIDA ★	490
1 xc	100 g	FARINHA DE TRIGO-SARRACENO INTEGRAL ★	490
1 xc	120 g	FARINHA DE TRIGO INTEGRAL	490
	100 g	ARENQUE EM LATA	480
1/2 xc	95 g	FAVAS COZIDAS	480
	100 g	ANCHOVA GRELHADA	480
1 xc	180 g	ABOBRINHA VERDE COZIDA	460
1 xc	160 g	BRÓCOLIS COZIDO ★	460
1/2 xc	110 g	BANANA AMASSADA ★	450
1 xc	120 g	BROTO DE ERVILHA CRU	450
	100 g	ANCHOVA COZIDA	430
1 xc	150 g	AIPO COZIDO	430
1 un	120 g	ALCACHOFRA COZIDA	420
1 un	100 g	BATATA ASSADA COM CASCA ★	420
1/2 xc	90 g	FEIJÃO-BRANCO COZIDO ★	410
	30 g	DAMASCOS SECOS	410
	50 g	CHIPS DE INHAME	410
3 cs	30 g	ALGA SPIRULINA SECA ★	410
1 xc	165 g	MILHO VERDE COZIDO	410
	100 g	CAVALA/CAVALINHA	400

►

medida	peso	alimento	mg
1 xc	250 g	SUCO FRESCO DE GRAPEFRUIT	400
1 xc	120 g	COUVE-FLOR COZIDA ★	400
1 un	154 g	ROMÃ	400
1 xc	160 g	BERINJELA COZIDA	400
	100 g	CORVINA COZIDA	390
1 xc	160 g	ERVILHA COM SUA VAGEM ★	380
1 xc	100 g	FRUTA-DE-CONDE/PINHA	380
1 xc	250 g	LEITE COM 2% DE GORDURA	380
1/2 xc	75 g	BANANA-DA-TERRA CRUA ★	370
1 xc	125 g	VAGEM COZIDA ★	370
	100 g	ANCHOVA CRUA	370
1/2 xc	100 g	LENTILHA COZIDA ★	370
1 xc	140 g	MAMÃO	360
1/2 xc	75 g	BANANA-DA-TERRA COZIDA ★	360
1/2 xc	90 g	FEIJÃO-ROXINHO COZIDO ★	360
2 cs	22 g	FÉCULA DE BATATA	350
1/2 xc	100 g	ERVILHA PARTIDA COZIDA ★	350
	100 g	MIOLOS DE BOI FRITOS	350
1 xc	100 g	FARINHA DE CENTEIO SEMI-INTEGRAL	350
1/2 xc	80 g	FEIJÃO-FRADINHO COZIDO ★	340
1 xc	120 g	AIPO CRU	340
	100 g	LINGUADO ASSADO/GRELHADO ★	340
1 xc	250 g	LEITE DE SOJA	340
	30 g	ALGA ÁGAR-ÁGAR SECA ★	340
1 xc	70 g	BROTO DE SOJA CRU	340
	30 g	PISTACHE SEM CASCA	330
1 un	100 g	BATATA DESCASCADA E COZIDA	330
1 xc	180 g	LARANJA CORTADA ★	330
1 xc	170 g	PÊSSEGO CORTADO	330
10 un	100 g	QUIABO COZIDO	320
1 xc	130 g	AZEDINHA COZIDA	320
1/2 xc	60 g	BROTO DE BAMBU COZIDO	320
1 xc	180 g	TANGERINA EM GOMOS	310
1 xc	100 g	FARINHA DE TRIGO-SARRACENO CLARA ★	310
	100 g	ATUM ENLATADO EM ÁGUA ★	310
5 un	40 g	AMEIXA SECA	310
1/2 xc	90 g	FEIJÃO-PRETO COZIDO ★	310
1 xc	70 g	FOLHAS DE ABÓBORA COZIDAS	300

medida	peso	alimento	mg
	100 g	CARNE DE PERU ASSADA	300
1 xc	130 g	COUVE COZIDA ★	300
1/2 xc	50 g	INHAME CRU ★	300
1/2 xc	75 g	BANANA EM RODELAS ★	300
1 xc	250 g	SUCO DE MAÇÃ ★	300
1 xc	140 g	FOLHAS DE NABO COZIDAS	300
1/2 xc	125 g	IOGURTE DESNATADO	290
1 un	135 g	NECTARINA	290
1 ft	180 g	QUICHE LORRAINE	280
1 xc	140 g	FOLHAS DE MOSTARDA COZIDAS	280
1/2 xc	90 g	ASPARGOS COZIDOS	280
1/2 xc	100 g	TOMATES COZIDOS	280
	100 g	CARNE BRANCA DE PERU ASSADA	280
1/2 xc	85 g	BETERRABA CRUA/COZIDA ★	270
1 un	170 g	CAQUI	270
1 xc	165 g	MANGA	270
1 xc	250 g	SUCO DE LIMA-DA-PÉRSIA	260
	100 g	CARNE DO PEITO DA GALINHA	260
1 un	90 g	GOIABA	260
4 cs	30 g	SEMENTES DE GIRASSOL TORRADAS ★	260
	100 g	ATUM FRESCO ★	250
1 un	80 g	KIWI	250
1 xc	130 g	NABO CRU ★	250
1 xc	150 g	MORANGO ★	250
1/2 xc	70 g	COUVE-RÁBANO CRÚA	250
	100 g	BACALHAU ASSADO/GRELHADO ★	240
1 xc	100 g	FOLHAS DE DENTE-DE-LEÃO COZIDAS	240
	100 g	CARNE DE GALINHA ASSADA	240
	30 g	SEMENTES DE ABÓBORA SECAS/TORRADAS	240
1/2 xc	80 g	GRÃO-DE-BICO COZIDO ★	240
1 xc	100 g	FARINHA DE CENTEIO CLARA	240
1 un	130 g	LARANJA DESCASCADA ★	240
1 xc	250 g	SUCO DE ACEROLA FRESCO	230
1 un	70 g	CENOURA CRUA ★	230
3 cs	30 g	UVAS-PASSAS SEM CAROÇO	230
2 xc	70 g	AGRIÃO CRU ★	220
1/2 xc	100 g	TOMATES FRESCOS	220
22 un	30 g	AMÊNDOAS SECAS	220
	30 g	NATÔ/SOJA FERMENTADA ★	220

►

medida	peso	alimento	mg
1/2 xc	130 g	PUDIM DE CHOCOLATE	220
1 xc	240 g	SOPA DE VEGETAIS COM ÁGUA	210
1 un	165 g	PÊRA	210
4 cs	30 g	SEMENTES DE GIRASSOL SECAS ★	210
	30 g	AMENDOIM TORRADO ★	200
3 cs	20 g	GERME DE TRIGO TORRADO	200
1/2 xc	120 g	CHUCRUTE	200

radiatividade *O potássio evita que fígado, rins, músculos e aparelho reprodutivo absorvam o radiativo césio-137*

cloreto

O cloreto age com o sódio e o potássio na manutenção do equilíbrio dos líquidos corporais e participa da formação do suco gástrico. Está presente em quase todos os tipos de água natural, mas entra no corpo principalmente em forma de cloreto de sódio, o popular sal de cozinha, e secundariamente como cloreto de potássio; assim, as fontes de cloreto são, na prática, as mesmas fontes de sódio, principalmente no caso dos alimentos industrializados aos quais se adiciona sal. As perdas de cloreto acompanham as de sódio, e tanto a deficiência quanto o excesso são raros. O consumo médio de cloreto através do sal de cozinha é de 6 g por dia.

recomendação diária *750 mg*

cálcio

Cálcio quer dizer ossos e dentes, que estão sempre sendo remodelados pela perda de 300 a 700 mg de cálcio por dia. Se isto não for reposto acaba causando raquitismo nas crianças, osteomalacia e osteoporose nos adultos, surdez por deformação dos ossinhos do ouvido e encrencas na coluna vertebral. Mas cálcio quer dizer também nervos e músculos, entre outras coisas, e um saldo negativo de cálcio no sangue pode produzir grande inquietação.

Em crianças e adolescentes a formação óssea é maior que a perda; após a maturidade, a situação se inverte. O leite materno fornece de 250 a 500 mg de cálcio por dia. E quem garante a absorção do cálcio é principalmente a vitamina D.

sinais de alarme *Nervosismo, espasmos musculares e nervosos, convulsões, intoxicação por chumbo, pressão alta e insônia*

recomendação diária *800 a 1300 mg; a OMS diz 500 mg*

os alimentos mais ricos em cálcio

medida	*peso*	*alimento*	*mg*
1 un	6 g	CASCA DE OVO EM PÓ	2400
1 cs	10 g	FARINHA DE PEIXE	460
1 cp	300 g	MILKSHAKE DE BAUNILHA	360
1 xc	250 g	KEFIR COM 2% GORDURA	350
1 cp	300 g	MILKSHAKE DE CHOCOLATE	340
1 xc	180 g	AGRIÃO COZIDO ★	300
1 xc	250 g	LEITE INTEGRAL COM 3.3% GORDURA	290
1 xc	180 g	FOLHAS DE BATATA-DOCE COZIDAS	280
1 xc	130 g	BREDO/CARURU COZIDO	270
2 cs	40 g	MELADO DE CANA INTEGRAL	270
	30 g	QUEIJO PRATO	250
1 xc	180 g	ESPINAFRE COZIDO ★	240
1/2 xc	125 g	IOGURTE DESNATADO	220
1 ft	180 g	QUICHE LORRAINE	210
1 xc	140 g	FOLHAS DE NABO COZIDAS	200
	30 g	QUEIJO MINAS FRESCO	200
1 xc	180 g	BERTALHA COZIDA	190
	30 g	ALGA ÁGAR-ÁGAR SECA ★	180
1 xc	85 g	FARINHA DE SOJA INTEGRAL	170
2 cs	12 g	QUEIJO PARMESÃO RALADO	170
1 xc	140 g	QUÍNOA	160
1 xc	170 g	COUVE-CHINESA/ACELGA COZIDA	160
1 un	75 g	WAFFLE	150
1/2 xc	125 g	IOGURTE INTEGRAL	130
	100 g	NAMORADO À MILANESA ★	130
1 cs	9 g	SEMENTE DE PAPOULA	120
1 xc	60 g	VINAGREIRA CRUA	120
1/2 xc	130 g	PUDIM DE CHOCOLATE	120

►

medida	peso	alimento	mg
1/2 xc	90 g	SORVETE CREMOSO	120
3 cs	24 g	FOLHA DE MANDIOCA EM PÓ	110
2 cs	40 g	LEITE CONDENSADO DOCE	110
1/2 xc	120 g	MOUSSE DE CHOCOLATE	100
1 cs	4 g	BASÍLICO/MANJERICÃO SECO	90
1 xc	120 g	BELDROEGA/ORA-PRO-NÓBIS	90
1 xc	200 g	ABÓBORA COZIDA	80
2 xc	70 g	AGRIÃO CRU ★	80
22 un	30 g	AMÊNDOAS COM CASCA TORRADAS	80
1 cs	4 g	TOMILHO MOÍDO	80
	30 g	RICOTA SEMIDESNATADA	80
1 xc	180 g	LARANJA CORTADA ★	70
1 xc	70 g	COUVE-CHINESA/ACELGA CRUA	70
1 xc	160 g	ERVILHA FRESCA COM SUA VAGEM ★	70
1 xc	100 g	AZEDINHA CRUA	60
1 un	27 g	PANQUECA DE TRIGO-SARRACENO	60
1 xc	125 g	VAGEM COZIDA ★	60
1 xc	130 g	FLOR DE ABÓBORA COZIDA	50
	50 g	TOFU/QUEIJO DE SOJA ★	50
1 cs	6 g	SEMENTES DE COMINHO	50
	30 g	CASTANHAS-DO-PARÁ ★	50
1 un	50 g	PANQUECA DE FARINHA DE TRIGO INTEGRAL	50
1 xc	250 g	SALADA DE BATATA COM MAIONESE E OVOS	50

Ver mais queijos na seção do ratinho

Cálcio é o mineral mais abundante no corpo. Um adulto forte tem 1200 g de cálcio, dos quais 99% armazenados no esqueleto para atender à demanda e 1% fazendo hora extra em fluidos extracelulares, estruturas intracelulares, membranas das células, impulsos nervosos, contrações musculares e coagulação do sangue. Ele interage com o fósforo na estrutura óssea e com o magnésio para manter o esmalte dos dentes; e com vários hormônios, entre os quais o estrogênio e a testosterona, que controlam a absorção e a excreção do cálcio e o metabolismo ósseo. Proteína, sódio e fósforo também afetam a concentração de cálcio no sangue, e há indícios de que um excesso de proteína impede sua assimilação.

A deficiência de cálcio pode ser metabólica, dietética ou por carência de vitamina D. Um de seus sintomas mais temidos é a osteoporose que ataca as mulheres após a menopausa, quando há menos estrogênio para fixar o cálcio e maior sensibilidade aos hormônios que o retiram dos ossos; mas o excesso de carne na dieta e a falta de sol, vitamina D e exercícios físicos regulares (que fortalecem os ossos, enquanto a vida sedentária enfraquece) também são fatores importantes nessa reflexão.

Outras razões para perda de cálcio são ansiedade, depressão, stress, diarréia, disfunções na tireóide, excesso de gordura, açúcar, fibras e ácido oxálico na comida, deficiência de ácido hidroclorídrico, uso de antiácidos, tetraciclina, heparina, laxativos, diuréticos, anticonvulsivos, aspirina e drogas corticosteróides. Mais: ingestão muito alta de fósforo através de refrigerantes e comidas industrializadas, como carnes em conserva, queijos, molhos, pães e massas; excesso de fósforo inibe a absorção de cálcio. A lactose também tem um papel ativo no aproveitamento do cálcio do leite. Pessoas alérgicas ou cujo organismo não digere a lactose absorverão pouco cálcio, ainda que seu consumo de leite e laticínios seja grande, e nesse caso é melhor optarem por generosas porções de folhas verdes.

De todo modo, absorção e perdas variam de uma pessoa para outra. Há controvérsia em torno da recomendação diária para cálcio. Várias pesquisas indicam que ele deveria ser estabelecido segundo a totalidade da alimentação e da atividade ao ar livre. Os bantos ingerem 300 mg de cálcio por dia e são fortíssimos. Crianças do Ceilão, do Peru e da África consomem 200 mg de cálcio por dia, crescem bem e têm saldo positivo de cálcio. (R. Ballentine, em Diet and Nutrition.)

suplementos *Geralmente vêm em forma de carbonato de cálcio, lactato de cálcio ou cálcio gluconato, e são seguros até 1500 mg por dia para quem não tem pedras na vesícula ou nos rins. Devem ser acompanhados por vitamina D. Podem reduzir a assimilação de ferro, zinco e manganês. A farinha de ostra, o pó da casca de ovo e os ossos dos peixes contêm pelo menos 40% de seu peso em cálcio. A casca de ovo é fácil de acrescentar à comida de cada dia. Primeiro retira-se a película que reveste a parte interna. Aí a casca deve ser ligeiramente torrada no forno, ou posta para secar ao sol, e reduzida a pó bem fino no pilão ou no liquidificador. Esse pó é guardado num vidro, e antes de usar é preciso deixá-lo de molho em limão ou vinagre por meia hora para o cálcio poder se soltar. Usa-se uma colherinha de café por dia na sopa, no feijão ou nos mingaus. Também verificou-se que um copo de suco de maçã após as refeições ajuda as pessoas idosas a absorverem cálcio (Ballentine, Diet and Nutrition)*

sinergismo *Cálcio, fósforo, magnésio e manganês dependem um do outro para funcionar. 100 partes de cálcio se equilibram com 75 de fósforo, 50 de magnésio e 1 de manganês*

radiatividade *O saldo positivo de cálcio no sangue impede que o estrôncio-90 se aloje nos ossos*

fósforo

Tudo o que existe no corpo humano precisa de fósforo: ossos e dentes (80% dele se concentram aí), todas as células, todos os fluidos e todas as manobras metabólicas. Sua absorção também é regulada pela vitamina D, como a do cálcio, com o qual o fósforo se associa para solidificar estruturas ósseas. Aqui, ao contrário da maioria dos nutrientes, o que preocupa mais é o excesso de fósforo; a deficiência só existe em estágios avançados de doenças graves. E este excesso vem sobretudo dos fosfatos incluídos nos alimentos industrializados, que vão de refrigerantes a queijos, iogurtes, carnes, vegetais em lata.

sinal de alarme Fezes moles

recomendação diária *800 a 1200 mg*

as fontes mais ricas em fósforo

medida	*peso*	*alimento*	*mg*
1 xc	130 g	FARINHA DE CENTEIO INTEGRAL	810
1 xc	140 g	ADLAI/LÁGRIMA-DE-N.SENHORA	610
1 xc	140 g	QUÍNOA	540
	100 g	SARDINHA ENLATADA EM ÓLEO	490
1 xc	85 g	FARINHA DE SOJA INTEGRAL	420
	100 g	CARPA CRUA	410
6 cs	70 g	TREMOÇOS PREPARADOS	380
1 xc	250 g	IOGURTE DESNATADO	350
	100 g	LINGUADO COZIDO ★	350
	30 g	SEMENTES DE ABÓBORA SECAS	350
4 cs	30 g	SEMENTES DE GIRASSOL TORRADAS ★	350
1 xc	250 g	KEFIR COM 2% GORDURA	320
1 cs	10 g	FARINHA DE PEIXE	310
1 cp	300 g	MILKSHAKE DE CHOCOLATE/BAUNILHA	300
	100 g	ARENQUE ASSADO/GRELHADO	300
1 xc	100 g	FARINHA DE TRIGO-SARRACENO INTEGRAL ★	300
	100 g	ANCHOVA COZIDA	290
	100 g	LINGUADO ASSADO/GRELHADO ★	290
	100 g	CORVINA COZIDA	290
1 ft	180 g	QUICHE LORRAINE	280
	100 g	ANCHOVA GRELHADA	270
1 xc	250 g	LEITE DE CABRA	270
	100 g	HADDOCK COZIDO ★	260
	100 g	NAMORADO À MILANESA ★	250
3 cs	20 g	GERME DE TRIGO TORRADO	240
1 xc	240 g	PAINÇO COZIDO ★	240
2 cs	30 g	TAHINE/MANTEIGA DE GERGELIM	240
1 xc	250 g	LEITE COM 2% DE GORDURA	230
	50 g	BIFE DE FÍGADO DE BOI	230

medida	*peso*	*alimento*	*mg*
	100 g	ANCHOVA CRUA	230
	100 g	CARNE DO PEITO DA GALINHA ASSADA	230
1 xc	110 g	BROTO DE TRIGO CRU	210
	100 g	CARNE BRANCA DE PERU ASSADA	210
	100 g	BAGRE CRU	210
1 xc	100 g	FARINHA DE CENTEIO SEMI-INTEGRAL	210
4 cs	30 g	SEMENTES DE GIRASSOL SECAS ★	210
1/2 xc	90 g	SOJA COZIDA	210
1 xc	120 g	BROTO DE ERVILHA CRU	200
	100 g	CARNE ESCURA DE PERU ASSADA	200
	100 g	VERMELHO/PARGO CRU ★	200
1 xc	140 g	FARINHA DE GLÚTEN	200
1/2 xc	70 g	AMENDOIM COZIDO ★	180
	30 g	CASTANHAS-DO-PARÁ ★	180
	100 g	CARNE ESCURA DE GALINHA ASSADA	180
1/2 xc	100 g	LENTILHA COZIDA ★	180
1/2 xc	125 g	IOGURTE DESNATADO	180
2 cs	10 g	FARELO DE ARROZ CRU ★	170
	50 g	AMÊNDOAS COBERTAS POR CHOCOLATE	170
	100 g	BACALHAU COZIDO ★	170
1 xc	200 g	CEVADA COZIDA	170
1 xc	200 g	ARROZ INTEGRAL COZIDO ★	160
3 cs	20 g	GERME DE TRIGO CRU	160
22 un	30 g	AMÊNDOAS SECAS	160
	50 g	FÍGADO DE GALINHA	160
	50 g	RIM DE BOI	150
1/2 xc	90 g	FEIJÃO-BRANCO COZIDO ★	150
	50 g	AMENDOINS COBERTOS POR CHOCOLATE	150
	50 g	MIOLO DE BOI	140
1 cs	8 g	LEVEDO DE CERVEJA	140
1/2 xc	80 g	GRÃO-DE-BICO COZIDO ★	140
	100 g	CAMARÃO COZIDO	140
	30 g	CASTANHAS DE CAJU TORRADAS EM ÓLEO	130
2 cs	20 g	SEMENTES DE GERGELIM SECAS ★	130
1 un	75 g	WAFFLE	130
1 xc	250 g	SALADA DE BATATA COM MAIONESE E OVOS	130
1/2 xc	130 g	PUDIM DE CHOCOLATE	130
1 xc	180 g	AGRIÃO COZIDO ★	120
1 xc	140 g	MACARRÃO DE TRIGO INTEGRAL COZIDO	120
1/2 xc	90 g	FEIJÃO-PRETO COZIDO ★	120

►

medida	peso	alimento	mg
1 xc	250 g	LEITE DE SOJA	120
1/2 xc	100 g	FAVA	120
1/2 xc	120 g	MOUSSE DE CHOCOLATE	120
1 xc	70 g	BROTO DE SOJA CRU	110
	50 g	PRESUNTO EXTRAMAGRO FATIADO	110
	30 g	AMENDOIM TORRADO A SECO ★	110
	50 g	CHOCOLATE AMARGO	100
1 un	120 g	ALCACHOFRA COZIDA	100
2 cs	30 g	MANTEIGA DE AMENDOIM	100
15 un	50 g	CORAÇÕES DE GALINHA ASSADOS	100
3 un	65 g	MOELA DE GALINHA COZIDA	100
1 xc	180 g	ESPINAFRE COZIDO ★	100
1/2 xc	100 g	ERVILHA PARTIDA COZIDA ★	100
	30 g	NOZES	100
1 xc	130 g	BREDO/CARURU COZIDO	100
1/2 xc	90 g	SORVETE CREMOSO	100
2 cs	40 g	LEITE CONDENSADO DOCE	100
1 un	50 g	PANQUECA DE FARINHA DE TRIGO INTEGRAL	100
1 un	27 g	PANQUECA DE TRIGO-SARRACENO	90
	30 g	AVELÃS	90
1 xc	160 g	BRÓCOLIS COZIDO ★	90
1 un	50 g	OVO POCHÊ	90
1 xc	160 g	ERVILHA COM SUA VAGEM ★	90
1 xc	160 g	COUVE-DE-BRUXELAS ★	90
	50 g	NATÔ/SOJA FERMENTADA ★	90
	50 g	UVAS-PASSAS COBERTAS POR CHOCOLATE	90
1 xc	100 g	FARINHA DE TRIGO-SARRACENO CLARA ★	90
1 un	70 g	MOELA DE PERU COZIDA	90
1 un	50 g	OVO COZIDO	90
1 xc	100 g	AZEDINHA CRUA	80
	100 g	PINHÃO COZIDO	80
1 un	16 g	GEMA DE OVO COZIDA ★	80
1 un	80 g	PANQUECA DE BATATA	80

Fósforo é o mineral de onde deriva o fosfato, componente de todas as células vivas. Participa da constituição de ATP, creatina, ácidos nucleicos, fosfolipídeos, nucleotídeos, certas proteínas e certos hormônios. Ajuda a mover os nutrientes para dentro e para fora das células, atua na criação e no crescimento de novas células, no metabolismo da comida, no transporte de algumas gorduras pela corrente sanguínea. Está ainda no ácido fítico, componente das fibras que pode impedir a absorção de vários minerais. A proporção cálcio/fósforo na alimentação industrializada freqüentemente tem três vezes mais fósforo do que cálcio, o que favorece as descalcificações.

Perde-se no processamento e no cozimento, mas é tão presente em todos os alimentos que isso não faz a menor diferença.

magnésio

Além de trabalhar com o fósforo para fixar o cálcio nos ossos e nos dentes, o magnésio tem uma função maravilhosa: permite que toda a musculatura do corpo relaxe após uma contração. A deficiência grave é rara, mais comum em estágios avançados de alcoolismo ou por efeito de diuréticos. Entretanto, como ele regula o aproveitamento das vitaminas B1, B2, B6, C e E, uma aparente carência destas vitaminas pode ser na verdade carência de magnésio. Perde-se magnésio por excesso de fósforo e também quando há vômitos e diarréia prolongados.

sinais de alarme *Fraqueza e espasmos musculares, problemas no crescimento e disfunções renais*

recomendação diária *280 a 350 mg*

as fontes mais ricas em magnésio

medida	*peso*	*alimento*	*mg*
1 xc	85 g	FARINHA DE SOJA INTEGRAL	360
1 xc	130 g	FARINHA DE CENTEIO INTEGRAL	320
1 xc	120 g	FARINHA DE TRIGO INTEGRAL	170
1 xc	180 g	ESPINAFRE COZIDO ★	160
	30 g	SEMENTES DE ABÓBORA SECAS	160
1 xc	180 g	ACELGA BRASILEIRA COZIDA ★	150
1 xc	100 g	AZEDINHA CRUA	140
1 xc	100 g	FARINHA DE TRIGO-SARRACENO INTEGRAL ★	140
2 cs	30 g	MANTEIGA DE SEMENTES DE GIRASSOL	120
1 xc	120 g	FUBÁ DE MILHO INTEGRAL	110
	100 g	HALIBUT	110
2 cs	30 g	TAHINE/MANTEIGA DE GERGELIM	110
4 cs	30 g	SEMENTES DE GIRASSOL SECAS ★	110
	100 g	CAVALA/CAVALINHA	100

►

medida	peso	alimento	mg
2 cs	40 g	MELADO DE CANA INTEGRAL	100
1 xc	130 g	AZEDINHA COZIDA	90
	30 g	AVELÃS	90
1 xc	110 g	BROTO DE TRIGO CRU	90
1 xc	200 g	ARROZ INTEGRAL COZIDO ★	80
2 cs	10 g	FARELO DE ARROZ CRU ★	80
1/2 xc	100 g	FAVA COZIDA	80
	30 g	SEMENTES DE ABÓBORA TORRADAS	80
	30 g	CASTANHAS DE CAJU TORRADAS	80
1 xc	120 g	BELDROEGA/ORA-PRO-NÓBIS COZIDA	80
1 xc	100 g	FARINHA DE CENTEIO SEMI-INTEGRAL	80
2 cs	20 g	SEMENTES DE GERGELIM SECAS ★	70
1 xc	130 g	BREDO/CARURU COZIDO	70
1 un	120 g	ALCACHOFRA COZIDA	70
1 xc	100 g	FARINHA DE CENTEIO CLARA	70
1 xc	120 g	BROTO DE ERVILHA CRU	70
	30 g	CASTANHAS-DO-PARÁ ★	70
	100 g	LINGUADO COZIDO ★	70
1 xc	200 g	ABÓBORA COZIDA	60
1/2 xc	90 g	FEIJÃO-BRANCO COZIDO ★	60
1/2 xc	90 g	FEIJÃO-PRETO COZIDO ★	60
1 xc	250 g	ÁGUA DE COCO	60
1 xc	180 g	TRIGUILHO (TRIGO PARA QUIBE) COZIDO	60
	100 g	LINGUADO ASSADO/GRELHADO ★	60
	50 g	NATÔ/SOJA FERMENTADA ★	60
10 un	100 g	QUIABO COZIDO	60
	30 g	AMENDOIM TORRADO A SECO ★	50
2 cs	10 g	CACAU EM PÓ	50
	50 g	TOFU/QUEIJO DE SOJA ★	50
2 cs	30 g	MANTEIGA DE AMENDOIM	50
	30 g	NOZES	50
1 xc	70 g	BROTO DE SOJA CRU	50
	100 g	ANCHOVA COZIDA	50
1 xc	100 g	FARINHA DE TRIGO-SARRACENO CLARA ★	50
	100 g	HADDOCK COZIDO ★	50
2 cs	8 g	FARELO DE TRIGO CRU	50
1/2 xc	125 g	LEITE DE COCO CRU	50
1 cp	300 g	MILKSHAKE DE CHOCOLATE	50
2 xc	22 g	PIPOCA FRITA EM ÓLEO COM SAL	50

medida	peso	alimento	mg
1 xc	250 g	IOGURTE DESNATADO	40
1 xc	180 g	AGRIÃO COZIDO ★	40
1/2 xc	80 g	FEIJÃO-FRADINHO COZIDO ★	40
3 cs	27 g	TRIGUILHO (TRIGO DE QUIBE) SECO	40
1 xc	140 g	MACARRÃO DE TRIGO INTEGRAL	40
	100 g	ANCHOVA ASSADA/GRELHADA	40
	100 g	BACALHAU COZIDO ★	40
1 xc	160 g	ERVILHA COM SUA VAGEM ★	40
1 xc	180 g	ABOBRINHA VERDE COZIDA	40
1/2 xc	80 g	GRÃO-DE-BICO COZIDO ★	40
1/2 un	100 g	ABACATE	40
4 cs	30 g	SEMENTES DE GIRASSOL TORRADAS ★	40
10 un	80 g	AMEIXAS SECAS	40
	100 g	NAMORADO À MILANESA ★	40
1/2 xc	100 g	LENTILHA COZIDA ★	40
	30 g	MACADAMIAS	40
1 xc	250 g	SALADA DE BATATA COM MAIONESE E OVOS	40
1 cp	300 g	MILKSHAKE DE BAUNILHA	40
1 xc	130 g	FLOR DE ABÓBORA COZIDA	30
1 xc	250 g	LEITE DE CABRA	30
1 xc	250 g	LEITE COM 2% DE GORDURA	30
1/2 xc	110 g	BANANA AMASSADA ★	30
1 xc	200 g	CEVADA COZIDA	30
1/2 xc	85 g	BETERRABA CRUA/COZIDA ★	30
1 xc	125 g	VAGEM COZIDA ★	30
1 xc	250 g	SUCO DE ACEROLA FRESCO	30
1 xc	250 g	KEFIR COM 2% DE GORDURA	30
1 xc	70 g	FOLHAS DE ABÓBORA COZIDAS	30
1/2 xc	75 g	BANANA-DA-TERRA CRUA ★	30
2 cs	12 g	FARELO DE AVEIA SECO ★	30
1 xc	250 g	SUCO DE LARANJA FRESCO	30
3 cs	15 g	AVEIA EM FLOCOS ASSADA ★	30
1/2 xc	75 g	BANANA-DA-TERRA COZIDA ★	30

Distribuído principalmente entre ossos, músculos e tecidos moles, com uma pequena porção no fluido extracelular, o magnésio regula o metabolismo e o crescimento das células, participa do metabolismo das proteínas, ativa enzimas, conduz impulsos nervosos. Costuma ser abundante nos alimentos, já que acompanha a proteína e o fósforo; nos grãos, 80% se perdem na moagem.

suplementos *Normalmente acompanham o cálcio*

sinergismo *Atua junto com cálcio, fósforo e manganês*

ferro

Eis um mineral com personalidade: você vê, a olho nu, sua presença no corpo, mais exatamente no vermelho do sangue — pois ferro é o principal componente da hemoglobina, que por sua vez é a parte nobre das células vermelhas do sangue, que têm essa cor por causa do ferro. Ele participa da atividade de todas as células, favorecendo o crescimento e a vitalidade.

sinais de alarme

A deficiência de ferro dá cansaço, falta de fôlego, dor de cabeça, insônia, perda de apetite, fraqueza muscular, desinteresse sexual, depressão, anemia. Nas crianças os sintomas só aparecem quando a anemia está avançada; os primeiros sinais podem ser perturbações emocionais ou psicológicas, hiperatividade, falta de atenção, dificuldade para aprender, apatia, irritabilidade

recomendação diária

10 a 15 mg. Grávidas e lactantes, 30 mg. Mulheres após a menopausa, menos ferro: 7 mg

as fontes mais ricas em ferro

medida	*peso*	*alimento*	*mg*
1 xc	180 g	FOLHAS DE BATATA-DOCE COZIDAS	12.0
1 xc	130 g	FARINHA DE CENTEIO INTEGRAL	8.5
1 xc	140 g	ADLAI/LÁGRIMA-DE-N.SENHORA	7.0
	100 g	PINHÃO COZIDO	7.0
2 cs	40 g	MELADO DE CANA INTEGRAL	6.5
1 xc	180 g	ESPINAFRE COZIDO ★	6.5
1 xc	140 g	QUÍNOA	6.0
1 xc	85 g	FARINHA DE SOJA INTEGRAL	5.5
	30 g	SEMENTES DE ABÓBORA SEM CASCA	4.5
6 cs	70 g	TREMOÇOS PREPARADOS	4.5
	50 g	FÍGADO DE GALINHA COZIDO	4.5
1 xc	180 g	ACELGA BRASILEIRA COZIDA ★	4.0
1 cs	10 g	FARINHA DE PEIXE	4.0
	50 g	FÍGADO DE PERU COZIDO	4.0
1 un	100 g	BATATA-BAROA/MANDIOQUINHA	4.0
1/2 xc	70 g	AMENDOIM COZIDO ★	4.0
1/2 xc	100 g	LENTILHA COZIDA ★	3.5
1 un	70 g	MOELA DE PERU COZIDA	3.5
1 xc	100 g	AZEDINHA CRUA	3.0
1 xc	160 g	ERVILHA COM SUA VAGEM ★	3.0
	100 g	CAMARÃO COZIDO	3.0

medida	peso	alimento	mg
	50 g	BIFE DE FÍGADO DE BOI	3.0
	100 g	SARDINHAS ENLATADAS EM ÓLEO	3.0
	100 g	ARENQUE ENLATADO	3.0
1 xc	130 g	BREDO/CARURU COZIDO	3.0
1 xc	180 g	BERTALHA COZIDA	3.0
1 cs	10 g	ALGA SPIRULINA SECA ★	3.0
	50 g	TOFU/QUEIJO DE SOJA ★	3.0
3 cs	24 g	FOLHA DE MANDIOCA EM PÓ	3.0
1/2 xc	90 g	FEIJÃO-ROXINHO/MULATINHO COZIDOS ★	3.0
	30 g	NATÔ/SOJA FERMENTADA ★	3.0
3 un	65 g	MOELA DE GALINHA COZIDA	2.5
1 xc	120 g	BROTO DE ERVILHA CRU	2.5
1 xc	110 g	BROTO DE TRIGO CRU	2.5
1/2 xc	90 g	FEIJÃO-BRANCO COZIDO ★	2.5
1/2 xc	100 g	GRÃO-DE-BICO COZIDO ★	2.5
1 xc	70 g	FOLHAS DE ABÓBORA COZIDAS	2.0
1 xc	100 g	FARINHA DE CENTEIO SEMI-INTEGRAL	2.0
1 xc	130 g	AZEDINHA COZIDA	2.0
	30 g	PISTACHE SEM CASCA	2.0
4 cs	30 g	SEMENTES DE GIRASSOL ★	2.0
1/2 xc	125 g	LEITE DE COCO CRU	2.0
1 xc	250 g	SOPA DE ERVILHA COM ÁGUA ★	2.0
2 cs	10 g	FARELO DE ARROZ CRU ★	2.0
2 cs	30 g	TAHINE/MANTEIGA DE GERGELIM	2.0
1 xc	160 g	COUVE-DE-BRUXELAS COZIDA ★	2.0
3 cs	20 g	GERME DE TRIGO TORRADO	2.0
1/2 xc	90 g	FEIJÃO-PRETO COZIDO ★	2.0
1 xc	100 g	FARINHA DE CENTEIO CLARA	2.0
	30 g	CASTANHAS DE CAJU TORRADAS	2.0
1 cc	2 g	TOMILHO MOÍDO	2.0
1 xc	120 g	BROTOS DE FEIJÃO REFOGADOS	2.0
1 xc	170 g	COUVE-CHINESA/ACELGA COZIDA	2.0
1 xc	70 g	BROTO DE SOJA CRU	1.5
2 cs	20 g	SEMENTES DE GERGELIM SECAS ★	1.5
1/2 xc	120 g	CHUCRUTE	1.5
1 xc	125 g	VAGEM COZIDA ★	1.5
1 un	120 g	ALCACHOFRA COZIDA	1.5
1 xc	140 g	MACARRÃO DE TRIGO INTEGRAL COZIDO	1.5
10 un	45 g	AZEITONAS PRETAS GRANDES	1.5

►

medida	peso	alimento	mg
	100 g	NAMORADO À MILANESA ★	1.5
1/2 xc	70 g	FOLHAS DE BETERRABA COZIDAS	1.5
1 un	100 g	BATATA ASSADA COM CASCA ★	1.5
1/2 xc	80 g	COGUMELOS COZIDOS	1.5
	100 g	HADDOCK COZIDO ★	1.5
	50 g	FÍGADO DE VITELA GRELHADO	1.5
1 cc	2 g	COMINHO EM GRÃO	1.5
1 xc	160 g	BRÓCOLIS COZIDO ★	1.5
3 cs	20 g	GERME DE TRIGO CRU	1.5
1 xc	250 g	SALADA DE BATATA COM MAIONESE E OVOS	1.5
1 un	75 g	WAFFLE	1.5
1 ft	180 g	QUICHE LORRAINE	1.5
1 un	80 g	PANQUECA DE BATATA	1.0
1 xc	240 g	SOPA DE VEGETAIS COM ÁGUA	1.0
1 xc	200 g	ABÓBORA COZIDA	1.0
1 xc	130 g	FLOR DE ABÓBORA COZIDA	1.0
	100 g	CARPA CRUA	1.0
1 cc	4 g	SEMENTES DE FENO-GREGO	1.0
1/2 xc	80 g	ERVILHA FRESCA/PETIT POIS ★	1.0
1 xc	250 g	SUCO DE ACEROLA	1.0
	100 g	BARDANA CRUA	1.0
2 cs	10 g	CACAU EM PÓ	1.0
1 xc	250 g	SUMO DE CENOURA ★	1.0
22 un	30 g	AMÊNDOAS SECAS	1.0
3 cs	50 g	MOLHO DE SOJA/SHOYU ★	1.0
1/2 xc	5 g	CEBOLINHA VERDE PICADA	1.0
	100 g	PEITO DE GALINHA GRELHADO	1.0
	100 g	ATUM FRESCO ★	1.0
	30 g	CASTANHAS-DO-PARÁ ★	1.0
1/2 un	100 g	ABACATE	1.0
1/2 xc	40 g	COCO RALADO FRESCO	1.0
1 un	30 g	PUPUNHA	1.0
1 un	100 g	CAJU	1.0
	100 g	BAGRE CRU	1.0
2 cc	2 g	ORÉGANO	1.0
1 cc	2 g	AÇAFRÃO-DA-TERRA/AÇAFROA/CURCUMA	1.0
1 cc	2 g	SEMENTES DE AIPO	1.0
3 cs	12 g	SALSA FRESCA	1.0

medida	peso	alimento	mg
2 cs	20 g	RAPADURA	1.0
2 cs	8 g	FARELO DE TRIGO CRU	1.0
2 cs	5 g	FARELO DE TRIGO ASSADO	1.0
3 cs	15 g	AVEIA EM FLOCOS CRUA/ASSADA ★	1.0

O ferro, através da hemoglobina, participa do transporte de oxigênio dos pulmões para todas as células do corpo e do dióxido de carbono de volta para os pulmões; também é fundamental para a formação de mioglobina, que armazena oxigênio nos músculos, e para a produção de energia. O corpo humano contém em torno de 4 g de ferro, a maior parte (2.5 g) em hemoglobina, 0.3% nos tecidos (mioglobina e citocromos) e 1 g em depósito nos tecidos do fígado e do baço e na medula óssea. Chama-se ferritina quando aparece nesses tecidos e transferrina quando está no sangue.

Há duas formas de ferro, heme e não-heme. O ferro heme só existe na hemoglobina das carnes e representa 40% do ferro de origem animal; os outros 60% são não-heme, da mesma forma que todo o ferro de origem vegetal. A diferença está no fato de que o ferro heme é fácil de absorver, enquanto o não-heme precisa de uma ajudinha de vitamina C ou ácido cítrico (gotinhas de limão, laranja na sobremesa, ameixa umeboshi) para se liberar. Numa dieta estritamente vegetariana a absorção de ferro vai depender muito do conjunto da dieta, e pode variar de zero a cem. Ambas as formas de ferro podem ser prejudicadas na presença de fitatos, fibras, fosfatos e sais de cálcio, antiácidos, café e tanino (dos chás).

O trabalho de absorção do ferro para a corrente sanguínea se dá todo na mucosa do intestino delgado, entre o duodeno e o jejuno. O excesso permanece nas mucosas intestinais e é eliminado pelas fezes, tornando-as escuras. Boa parte do ferro utilizado se recicla na usina do baço, que tira de circulação as células mortas, destrói hemácias velhas e armazena o ferro que encontrou. Em geral, apenas 10% do ferro oferecido pela alimentação entram na corrente sanguínea. Mas nossas perdas também são reduzidas: 1 a 2 mg diários em circunstâncias normais, 28 mg no decurso da menstruação e 5 ou mais mg diários nos últimos três meses da gestação, que vão formar as reservas de ferro do bebê. Pessoas com deficiência absorvem mais ferro, pessoas com reservas grandes absorvem menos.

Prejudicam a absorção de ferro: cafeína, aspirina, antiácidos, excesso de celulose, manganês, fósforo e zinco, ácido oxálico, fitatos, vitamina E sintética; a carência aumenta durante os sangramentos. São fortificados com ferro o trigo e o arroz nos Estados Unidos, o sal na Índia e a farinha na Suécia.

suplementos *Em excesso criam radicais livres, suprimem a resposta imunológica, pioram quadros infecciosos. Doses até 60 mg costumam ser vendidas livremente; supõe-se, entretanto, que 30 mg diários sejam suficientes e sem risco*

radiatividade *O ferro impede que pulmões, fígado e órgãos reprodutivos absorvam plutônio-238 e -239*

cobre

Mineral altamente concentrado no fígado, nos rins e no cérebro; é componente de vários sistemas enzimáticos, contribui para a formação de antioxidantes, participa do transporte e da absorção de ferro e da formação das células vermelhas, produz e mantém a bainha das fibras nervosas, colabora na formação dos ossos, na síntese do RNA e na produção de colágeno. Normalmente são absorvidos apenas 30% do cobre disponível, e altas doses de zinco suplementar e da droga B-penicillamine reduzem mais ainda essa absorção. Perde-se na moagem dos grãos, no processamento industrial, na água do cozimento. Mas a deficiência é rara, a não ser em casos de desnutrição.

recomendação diária *1.5 a 3.0 mg*

os alimentos mais ricos em cobre

medida	*peso*	*alimento*	*mg*
	50 g	FÍGADO DE VITELA GRELHADO	4.00
	50 g	FÍGADO DE CARNEIRO GRELHADO	3.50
	50 g	BIFE DE FÍGADO DE BOI	2.50
1 xc	85 g	FARINHA DE SOJA INTEGRAL	2.50
	50 g	OSTRAS AFERVENTADAS	1.50
2 cs	20 g	SEMENTES DE GERGELIM SECAS ★	.70
1 xc	100 g	FARINHA DE TRIGO-SARRACENO INTEGRAL ★	.70
	30 g	CASTANHAS DE CAJU TORRADAS A SECO	.70
2 cs	30 g	MANTEIGA DE SEMENTES DE GIRASSOL	.60
2 cs	40 g	MELADO DE CANA INTEGRAL	.60
1 xc	100 g	FARINHA DE TRIGO-SARRACENO CLARA ★	.55
4 cs	30 g	SEMENTES DE GIRASSOL SECAS ★	.55
	30 g	CASTANHAS-DO-PARÁ ★	.55
1 xc	200 g	CEVADA COZIDA	.50
1 xc	120 g	FARINHA DE TRIGO INTEGRAL	.50
	30 g	AVELÃS	.45
3 un	50 g	COGUMELOS SHIITAKE	.45
1 xc	140 g	FOLHAS DE NABO COZIDAS	.40
	30 g	SEMENTES DE ABÓBORA SECAS	.40
1 xc	80 g	COGUMELOS COZIDOS	.40
	30 g	PISTACHE SEM CASCA	.40

medida	peso	alimento	mg
1/2 xc	85 g	SOJA COZIDA	.35
1 xc	120 g	BROTO DE ERVILHA CRU	.30
1 xc	110 g	BROTO DE TRIGO CRU	.30
1 xc	70 g	BROTO DE SOJA CRU	.30
1 xc	180 g	ESPINAFRE COZIDO ★	.30
1/2 xc	80 g	GRÃO-DE-BICO COZIDO ★	.30
1 xc	250 g	LEITE DE SOJA	.30
22 un	30 g	AMÊNDOAS SECAS	.30
	50 g	FÍGADO DE PERU COZIDO	.30
1 xc	250 g	SALADA DE BATATA/MAIONESE/OVOS	.30
1 un	80 g	PANQUECA DE BATATA	.25
1 un	150 g	BATATA-DOCE COZIDA SEM CASCA	.25
3 cs	20 g	GERME DE TRIGO	.25
1/2 xc	100 g	LENTILHA COZIDA ★	.25
1/2 xc	90 g	FEIJÃO-PRETO COZIDO ★	.20
1/2 xc	100 g	ERVILHA PARTIDA COZIDA ★	.20
	50 g	FÍGADO DE GALINHA COZIDO	.20
1 un	100 g	BATATA ASSADA SEM CASCA	.20
1 xc	130 g	BREDO/CARURU COZIDO	.20
1 xc	180 g	AGRIÃO COZIDO ★	.20
1 xc	130 g	COUVE COZIDA ★	.20
	30 g	AMENDOIM TORRADO A SECO ★	.20
1/2 xc	70 g	FOLHAS DE BETERRABA COZIDAS	.20
1 xc	165 g	MANGA	.20
1 xc	130 g	AZEDINHA COZIDA	.20
1/2 xc	40 g	COCO FRESCO RALADO	.20
1/2 xc	120 g	MOUSSE DE CHOCOLATE	.20
1 cp	300 g	MILKSHAKE DE CHOCOLATE	.20
1 ft	180 g	QUICHE LORRAINE	.15
1 cp	300 g	MILKSHAKE DE BAUNILHA	.15
1 xc	125 g	VAGEM COZIDA ★	.15
5 un	40 g	AMEIXAS SECAS	.15
1 xc	200 g	ABÓBORA COZIDA	.15

selênio

ANTIOXIDANTE

Elemento-traço essencial por sua ação antioxidante no interior das células: atua junto com a vitamina E na destruição dos radicais livres, prevenindo portanto o envelhecimento e as doenças degenerativas. Neutraliza os efeitos tóxicos da poluição por mercúrio, cádmio, chumbo e cobre, entre outros. Síntese do DNA e do RNA, produção de esperma, desenvolvimento fetal, integridade da pele, unhas e cabelos, produção de anticorpos, eficiência pancreática, tudo isso envolve selênio; atua na produção de ubiquinonas, substâncias insuficientemente pesquisadas que se supõe protegerem as células de inflamações, degenerações e outras encrencas. Tem sido utilizado com sucesso contra pressão alta e doenças do coração.

recomendação diária *55 a 75 mcg*

os alimentos mais ricos em selênio

medida	*peso*	*alimento*	*mcg*
	30 g	CASTANHAS-DO-PARÁ ★	325
	100 g	POLLOCK ASSADO/GRELHADO	200
	100 g	VERMELHO/PARGO CRU ★	195
	100 g	VERMELHO/PARGO GRELHADO ★	175
	100 g	CARPA CRUA	135
	100 g	HALIBUT COZIDO	125
	100 g	CORVINA COZIDA	110
1 xc	120 g	FARINHA DE TRIGO INTEGRAL ASSADA	95
	100 g	ATUM FRESCO ★	80
	100 g	SARDINHA/ARENQUE	80
	100 g	LAGOSTA COZIDA	75
	100 g	ATUM ENLATADO EM ÓLEO	70
	100 g	SALMÃO ASSADO/GRELHADO	65
	100 g	HADDOCK COZIDO ★	65
	50 g	OSTRAS AFERVENTADAS	55
	100 g	BACALHAU ASSADO/GRELHADO ★	55
	100 g	SARDINHA EM LATA	50
	100 g	LINGUADO ASSADO/GRELHADO ★	50
	100 g	ANCHOVA GRELHADA	50
1 xc	130 g	FARINHA DE CENTEIO INTEGRAL	45

medida	*peso*	*alimento*	*mcg*
	30 g	CAVIAR EM GRÃOS PRETO/VERMELHO	40
1 xc	140 g	MACARRÃO DE TRIGO INTEGRAL COZIDO	40
	100 g	ANCHOVA CRUA	40
	100 g	BAGRE CRU	40
	100 g	NAMORADO À MILANESA ★	35
1 xc	110 g	BROTO DE TRIGO CRU	35
2 cs	40 g	MELADO DE CANA INTEGRAL	30
	50 g	FÍGADO DE BOI/VITELA/FRITO/GRELHADO	30
	100 g	ANCHOVA COZIDA	30
1 xc	100 g	FARINHA DE CENTEIO SEMI-INTEGRAL	30
1 xc	200 g	CEVADA INTEGRAL COZIDA	25
	100 g	PRESUNTO MAGRO ASSADO	25
1 xc	200 g	ARROZ INTEGRAL COZIDO ★	25
	100 g	BOLO DE CARNE MOÍDA	25
1 xc	240 g	FLOCOS DE TRIGO COZIDOS	20
1 xc	100 g	FARINHA DE CENTEIO CLARA	20
1 xc	160 g	CEVADA PEROLADA COZIDA ★	20
4 cs	30 g	SEMENTES DE GIRASSOL ★	20
3 cs	20 g	GERME DE TRIGO TORRADO	20
	100 g	LÍNGUA DE BOI COZIDA	20
	100 g	CARNE DE GALINHA ASSADA	20
2 cs	30 g	MANTEIGA DE SEMENTES DE GIRASSOL	20
1 xc	150 g	TRIGO EM GRÃO COZIDO	15
1/2 xc	90 g	FEIJÃO-FRADINHO COZIDO ★	15
3 cs	20 g	GERME DE TRIGO CRU	15
1 xc	165 g	COUVE-RÁBANO COZIDA	15
	50 g	AMENDOINS COBERTOS POR CHOCOLATE	15
1 xc	180 g	TRIGUILHO COZIDO	15
1 ft	180 g	QUICHE LORRAINE	15
1 un	75 g	WAFFLE	15
1 xc	250 g	SALADA DE BATATA COM MAIONESE E OVOS	15
1 un	50 g	PANQUECA DE FARINHA DE TRIGO INTEGRAL	10
1 un	50 g	OVO CRU/COZIDO	10
1 xc	160 g	COUVE-DE-BRUXELAS COZIDA ★	10
2 cs	17 g	ALHO EM PÓ	10
1/2 xc	100 g	ERVILHA PARTIDA COZIDA ★	10
1 xc	100 g	FARINHA DE TRIGO-SARRACENO INTEGRAL ★	9
1 xc	120 g	BROTO DE ERVILHA CRU	9
3 cs	16 g	FLOCOS DE TRIGO SECOS	8
1 xc	250 g	IOGURTE DESNATADO	8

►

medida	*peso*	*alimento*	*mcg*
1/2 xc	40 g	COCO RALADO FRESCO	8
1 un	70 g	MOELA DE PERU COZIDA	8
3 un	65 g	MOELA DE GALINHA COZIDA	8
	30 g	CASTANHAS DE CAJU	7
1/2 xc	90 g	FEIJÃO-PRETO COZIDO ★	7
1 xc	250 g	LEITE COM 2% DE GORDURA	6
3 cs	27 g	TRIGUILHO (TRIGO DE QUIBE) SECO	6
1 xc	85 g	FARINHA DE SOJA INTEGRAL	6
1 xc	100 g	FARINHA DE TRIGO-SARRACENO CLARA ★	6
1/2 xc	70 g	COUVE-RÁBANO CRUA	6
1/2 xc	120 g	MOUSSE DE CHOCOLATE	5
1/2 xc	90 g	SORVETE CREMOSO	5
1 cs	15 g	MOSTARDA PREPARADA	5
2 cs	8 g	FARELO DE TRIGO CRU	5
2 cs	5 g	FARELO DE TRIGO ASSADO	5
2 cs	10 g	FARELO DE ARROZ CRU ★	4
3 cs	15 g	AVEIA EM FLOCOS CRUA/ASSADA ★	4

Os grãos perdem um pouquinho de selênio no cozimento e quase todo na moagem; os vegetais perdem selênio na fervura; a absorção é prejudicada na presença de mercúrio.

suplementos *Sem restrições até 500 mcg diários e tóxicos a partir de 2000 mcg. Os primeiros sinais de excesso são o cheiro de alho na boca e a queda de cabelos e unhas; em casos extremos há lesões nervosas e de pele*

zinco

É um dos minerais mais versáteis do organismo, profundamente ligado à resposta ao stress. O stress é uma situação que exige do corpo uma resposta mais intensa que a normal, seja para enfrentar uma situação ameaçadora, praticar um esporte ou fazer amor. Essa resposta é sustentada pelo sistema imunológico e controlada pelo córtex adrenal, que secreta hormônios para fazer subir a pressão arterial, aumentar os batimentos cardíacos, alertar o sistema nervoso e as cadeias musculares e acelerar o processo de obtenção de energia. Os nutrientes diretamente envolvidos com a eficiência dessa resposta são o ácido pantotênico, a vitamina C, o colesterol — e o zinco. Investiga-se sua ação antioxidante. Deficiências de zinco são mais comuns em vegetarianos cuja alimentação é rica em fibras e fitatos.

sinais de alarme *Redução da saliva, do paladar e do apetite, feridas que demoram a sarar, atrofia das gônadas (testículos e ovários), queda de cabelo, unhas deformadas, lesões de pele, atrofia do timo e crescimento prejudicado*

recomendação diária *12 a 19 mg*

os alimentos mais ricos em zinco

medida	*peso*	*alimento*	*mg*
	50 g	OSTRAS FRESCAS AFERVENTADAS	90.0
	50 g	OSTRAS CONGELADAS	45.0
	50 g	OSTRAS EM CONSERVA	45.0
1 xc	130 g	FARINHA DE CENTEIO INTEGRAL	7.0
	100 g	CARNE DE BOI MAGRA ASSADA	7.0
	100 g	LOMBO DE BOI GRELHADO	7.0
	50 g	FÍGADO DE VITELA GRELHADO	5.0
	100 g	LÍNGUA DE BOI COZIDA	5.0
	100 g	T-BONE STEAK NA BRASA	5.0
	100 g	CARANGUEJO COZIDO	4.0
	100 g	BOLO DE CARNE MOÍDA	4.0
3 cs	20 g	GERME DE TRIGO TORRADO	4.0
	50 g	FÍGADO DE PORCO GRELHADO	3.5
1 xc	85 g	FARINHA DE SOJA INTEGRAL	3.0
1 pç	250 g	LASANHA DE CARNE	3.0
2 cs	30 g	TAHINE/MANTEIGA DE GERGELIM	3.0
	100 g	CARNE DE PERU ASSADA	3.0
1 un	70 g	MOELA DE PERU COZIDA	3.0
3 un	65 g	MOELA DE GALINHA COZIDA	3.0
	30 g	SEMENTES DE ABÓBORA TORRADAS	3.0
	100 g	LAGOSTA AFERVENTADA	3.0
1/2 xc	90 g	FAVA COZIDA	3.0
1 xc	100 g	FARINHA DE TRIGO-SARRACENO INTEGRAL/CLARA ★	3.0
	50 g	BIFE DE FÍGADO DE BOI	2.5
	50 g	FÍGADO DE GALINHA COZIDO	2.0
3 cs	20 g	GERME DE TRIGO CRU	2.0
	30 g	SEMENTES DE ABÓBORA SECAS	2.0
1 xc	160 g	ARROZ SELVAGEM/PRETO COZIDO	2.0
1 xc	250 g	IOGURTE DESNATADO	2.0
	100 g	CARNE DE GALINHA ASSADA	2.0
	100 g	CARNE BRANCA DE PERU ASSADA	2.0

►

medida	*peso*	*alimento*	*mg*
1 xc	100 g	FARINHA DE CENTEIO SEMI-INTEGRAL	2.0
	30 g	AMENDOIM TORRADO EM ÓLEO	2.0
	50 g	CHOCOLATE AMARGO	2.0
1 ft	120 g	PIZZA	2.0
1 xc	100 g	FARINHA CENTEIO CLARA	2.0
2 cs	30 g	MANTEIGA DE SEMENTES DE GIRASSOL	2.0
	30 g	CASTANHAS DE CAJU TORRADAS	2.0
	30 g	NOZES PECANS SECAS	2.0
1 xc	240 g	FLOCOS DE TRIGO COZIDOS	2.0
4 cs	30 g	SEMENTES DE GIRASSOL TORRADAS ★	2.0
1 xc	110 g	BROTO DE TRIGO CRU	2.0
1 ft	180 g	QUICHE LORRAINE	2.0
1 xc	120 g	BROTO DE ERVILHA CRU	1.5
2 cs	20 g	SEMENTES DE GERGELIM SECAS ★	1.5
	50 g	FÍGADO DE PERU COZIDO	1.5
	100 g	CARPA CRUA	1.5
	100 g	TRUTA ARCO-ÍRIS GRELHADA	1.5
	30 g	CASTANHAS-DO-PARÁ ★	1.5
1 xc	180 g	ESPINAFRE COZIDO ★	1.5
	50 g	AMENDOINS COBERTOS POR CHOCOLATE	1.5
	50 g	PRESUNTO MAGRO ASSADO	1.5
1 xc	250 g	MACARRÃO COM MOLHO E QUEIJO RALADO	1.5
1 xc	160 g	CEVADA-PEROLADA COZIDA ★	1.5
	50 g	AMÊNDOAS COBERTAS POR CHOCOLATE	1.5
	100 g	ARENQUE ASSADO/COZIDO	1.5
1/2 xc	80 g	GRÃO-DE-BICO COZIDO ★	1.5
1/2 xc	100 g	LENTILHA COZIDA ★	1.5
1 xc	200 g	ARROZ INTEGRAL COZIDO ★	1.0
1 xc	200 g	CEVADA INTEGRAL COZIDA	1.0
1 xc	130 g	BREDO/CARURU COZIDO	1.0
1 xc	240 g	AVEIA COZIDA COM ÁGUA ★	1.0
1 xc	140 g	MACARRÃO DE TRIGO INTEGRAL COZIDO	1.0
	100 g	ANCHOVA GRELHADA/COZIDA	1.0
	100 g	PEITO DE GALINHA ASSADO	1.0
1/2 xc	100 g	ERVILHA PARTIDA COZIDA ★	1.0
	30 g	AMENDOIM TORRADO ★	1.0
1 xc	250 g	LEITE COM 2% GORDURA	1.0
1/2 xc	100 g	ERVILHA FRESCA COZIDA/PETIT POIS ★	1.0
	30 g	NATÔ/SOJA FERMENTADA ★	1.0

medida	*peso*	*alimento*	*mg*
2 cs	30 g	MANTEIGA DE AMENDOIM	1.0
22 un	30 g	AMÊNDOAS SECAS	1.0
	30 g	NOZES	1.0
2 cs	10 g	CACAU EM PÓ	1.0
1 cp	300 g	MILKSHAKE DE CHOCOLATE	1.0
1 cp	300 g	MILKSHAKE DE BAUNILHA	1.0
1/2 xc	90 g	SORVETE CREMOSO	1.0
3 cs	27 g	TRIGUILHO (TRIGO DE QUIBE) SECO	.5
3 cs	16 g	FLOCOS DE TRIGO SECOS	.5

O zinco participa da composição de mais de 70 enzimas, incluindo as necessárias para sintetizar proteína, RNA e DNA, e para metabolizar carboidratos (especialmente álcool e açúcar), gordura e outros minerais como cobre, magnésio, manganês e selênio. É essencial para a gustina, substância da saliva ligada ao paladar, para os fluidos pancreáticos e para a adaptação dos olhos ao escuro, juntamente com a vitamina A. Produção de insulina, reações imunológicas, crescimento e restauração dos tecidos, utilização da vitamina A, produção de esperma e renovação celular: tudo isso tem a ver com o zinco. Perde-se na moagem dos grãos e no processamento; 5 a 10% somem no cozimento dos feijões.

Apenas 20% do zinco disponível no tubo intestinal são aproveitados, e o zinco de fontes animais é absorvido mais facilmente que o de fontes vegetais. Fitatos, fibras, suplementos de cobre, de ferro inorgânico, de cálcio e de fosfato podem reduzir essa absorção, bem como álcool, cádmio, corticosteróides, diuréticos, pílulas anticoncepcionais. A eliminação média de zinco fica em torno de 2.7 mg diários, e os homens perdem 0.6 mg em cada ejaculação.

suplementos *O zinco é útil sempre que há qualquer processo cirúrgico, principalmente dentário, e também ajuda a curar gengivas. Pode evitar a acne, as manchas senis, as deformações oculares e a catarata, na medida em que melhora o estado dos tecidos de um modo geral. Associado à glutamina, tem tido sucesso no tratamento de hipoglicemia e diabetes. Doses acima de 100 mg diários não devem ser tomadas sem supervisão médica*

radiatividade *O zinco evita que seu clone, o zinco-65, seja absorvido pelos ossos e órgãos reprodutivos*

enxofre

O enxofre é antibiótico natural, desintoxicante, antioxidante e radioprotetor. Limita e desativa isótopos radiativos, especialmente o cobalto-60, e metais pesados tóxicos como cádmio, chumbo e mercúrio. Grande parte do enxofre no corpo humano está nos aminoácidos metionina e cisteína, e em duas vitaminas do complexo B, tiamina e biotina. Ele atua desintoxicando o fígado e os rins.

recomendação diária *Não estabelecida. Dosagem ótima para prevenção: duas porções diárias de folhas verdes (100 a 200 gramas, cruas ou cozidas) têm enxofre suficiente para proteger as células dos efeitos nocivos da poluição química e da radiação nossa de cada dia. Em termos de cisteína, a dosagem ótima diária é 850 mg. O enxofre representa 1/4 da molécula de cisteína*

os alimentos mais ricos em enxofre

medida	*peso*	*alimento*	*mg*
1 xc	130 g	COUVE COZIDA ★	11.0
1 xc	160 g	COUVE-DE-BRUXELAS COZIDA ★	5.5
1 xc	150 g	BRÓCOLIS COZIDO ★	4.5
2 xc	70 g	AGRIÃO CRU ★	3.5
1 xc	150 g	REPOLHO COZIDO ★	2.5
1 xc	180 g	ESPINAFRE COZIDO ★	2.0
1 xc	160 g	NABO COZIDO ★	2.0
1 xc	120 g	COUVE-FLOR COZIDA ★	1.5
1 xc	120 g	FRAMBOESA	1.5
1 xc	180 g	ACELGA BRASILEIRA COZIDA ★	1.0
10 un	100 g	QUIABO COZIDO	.7
1 xc	160 g	CENOURA COZIDA ★	.7
1/2 xc	80 g	ERVILHA FRESCA COZIDA/PETIT POIS ★	.5
1 xc	200 g	CEVADA COZIDA	.5
10 un	50 g	RABANETE ★	.4
1/2 xc	70 g	CENOURA CRUA ★	.4
1/2 xc	100 g	CEBOLA COZIDA ★	.3
1/2 xc	90 g	FAVA MIÚDA COZIDA	.3
1 xc	170 g	BETERRABA CRUA/COZIDA ★	.2
	30 g	AVELÃS	.2
	30 g	CASTANHAS-DO-PARÁ ★	.1
1/2 xc	80 g	ERVILHA SECA COZIDA ★	.1
1 un	50 g	OVO	.1
	10 g	ALGAS KELP SECAS ★	.1

suplementos *Nos estudos envolvendo radiação e intoxicação química, a cisteína revelou-se mais eficiente que a metionina como proteção. Mas a cisteína transforma-se em cistina, que em grande quantidade forma ácido oxálico e cálculos renais. Para neutralizar esse efeito, todo suplemento de cisteína deve ser acompanhado de 3 vezes mais vitamina C. Por isso é que a metionina, embora seja menos ativa, é preferida como ingrediente de produtos desintoxicantes.*

iodo

Mineral especialmente concentrado nos hormônios da tireóide, que controlam a taxa metabólica, o crescimento, a reprodução, a formação de células sanguíneas, as funções nervosas e musculares e a temperatura corporal. Como a distribuição de iodo no meio ambiente é desigual, certas áreas, sobretudo as mais distantes do mar, produzem alimentos que não fornecem iodo em quantidade suficiente ao ser humano; isso gera doenças características de disfunção da tireóide, como bócio (papada) e retardamento mental; por isso decidiu-se acrescentar iodo ao sal de cozinha. Em 1983 havia 400 milhões de pessoas com carência de iodo nas regiões mais pobres do mundo, e 112 milhões nas regiões mais ricas. Por outro lado, doses excessivas de iodo também podem deprimir a atividade da tireóide, produzindo sintomas semelhantes aos da carência.

sinais de alarme *Fome descontrolada, aumento de peso sem razão aparente, ansiedade, taquicardia, suores, proeminência dos olhos*

recomendação diária *0.15 a 0.20 mg*

as fontes mais ricas em iodo

medida	*peso*	*alimento*	*mg*
	10 g	ALGA KOMBU *Laminaria sp.* ★	19.0/47.0
	10 g	ALGA ÁGAR-ÁGAR *Gelidium sp.* ★	16.0
	10 g	ALGA ARAME *Eisenia bicyclis* ★	10.0/56.0
	10 g	ALGA HIJIKI *Hizikia fusiforme* ★	4.0
	10 g	ALGA WAKAME *Undaria pinnatifida* ★	1.8/3.5
	100 g	CHONDRUS OCELLATUS	1.0
	100 g	ALGA NORI *Porphyra tenera*	.5
1 cc	6 g	SAL IODADO	.4
	100 g	MARISCOS/MOLUSCOS	.3
	100 g	CRUSTÁCEOS	.2
	100 g	HADDOCK ★	.2
1 cc	6 g	SAL COMUM	.1

radiatividade *Níveis ótimos de iodo evitam que o radiativo iodo-131 se instale na tireóide e nos órgãos reprodutivos*

manganês

Elemento-traço essencial ao desenvolvimento da vida, concentra-se nos ossos e cartilagens, no fígado e nos rins. Parece estar ligado à utilização da insulina. A deficiência, rara, causa crescimento retardado, má formação congênita, ossos e cartilagens anormais, dificuldades reprodutivas, emagrecimento, dermatite, náusea, mudança de cor nos cabelos, níveis anormalmente baixos de colesterol e desequilíbrio na tolerância à glicose. É abundante em grãos, cereais, chá preto, verde, banchá, e especialmente nos brotos de alfafa.

recomendação diária/rda *Não estabelecida. Dosagem ótima: 2.0 a 5.0 mg por dia*

sinergismo *Cada parte de manganês depende de 100 partes de cálcio, 75 de fósforo e 50 de magnésio para funcionar*

flúor

Está presente por toda parte, sempre em pequenas concentrações: no solo, na água, nas plantas, nos animais. Sabe-se que o flúor se incorpora aos ossos e ao esmalte dos dentes, e que essa incorporação é proporcional ao total ingerido, mas não se conhece outro fator de importância nutricional.

recomendação diária *Não estabelecida. Dosagem diária segura: 1.5 a 4.0 mg. Crianças: no máximo 2.5 mg por dia; acima disso podem surgir manchas brancas nos dentes.*

As melhores fontes de flúor são os peixes marinhos, desde que consumidos com seus ossos, e o chá — na Grã-Bretanha, o hábito de tomar chá contribui com 1.3 mg do total de 1.8 mg que a população consome, em média, diariamente. No leite humano a presença é de 5 a 25 mcg de flúor por litro, dependendo da água bebida pela mãe, enquanto no leite de vaca é de 20 mcg/litro.

Pesquisas norte-americanas revelam um consumo diário de flúor de 0.9 mg nas áreas de água comum e de 1.7 mg nas áreas de água fluoretada. Mostram ainda que cozinhar em panelas revestidas com teflon, um polímero que contém flúor (mas que infelizmente também pode ser radiativo), aumenta a disponibilidade orgânica, enquanto cozinhar em panelas de alumínio reduz o flúor.

suplementos *O flúor pode intoxicar em doses diárias acima de 20 mg; recentemente foi divulgado que doses de 50 mg por dia, durante três meses, poderiam ser efetivas no combate à osteoporose, mas aí corre-se o risco de cair na fluorose, que afeta a saúde dos ossos e as funções renais, musculares e nervosas*

cromo

O cromo trivalente, associado ao ácido nicotínico e a aminoácidos, forma um composto chamado fator de tolerância à glicose, que atua junto com a insulina no metabolismo dos açúcares; há indícios de que age também no metabolismo das gorduras. Diabetes juvenil e doenças das artérias coronárias estão associadas à baixa concentração de cromo no sangue e/ou no cabelo. Acumula-se nos pulmões; sua presença nos outros tecidos declina com a idade. As fontes naturais são os peixes, frutos do mar, levedo de cerveja e frutas. Cozinhar em panelas de aço inoxidável aumenta a presença de cromo na comida.

recomendação diária *Não estabelecida. Dosagem diária segura: 50 a 200 mcg*

molibdênio

É um elemento importante na constituição de várias enzimas. As deficiências naturais são muito raras, embora o teor de molibdênio nos alimentos varie muito de um solo para outro. As fontes mais ricas são leite de vaca, feijões, cereais e pães, e a média de consumo de um adulto norte-americano naquela dieta cheia de leite e farinha é de 180 mcg por dia.

recomendação diária *Não estabelecida. Dosagem diária segura: 75 a 250 mcg*

carências vitamínicas e minerais: sinais de alarme

vitamina a Anemia, visão deficiente à noite, redução do olfato e do paladar, ressecamento e infecção na pele e nas mucosas, infecções, stress

vitamina b1 Nervosismo, irritação, neurastenia, fadiga, depressão, dores no abdômen e no peito, sensação de agulhadas e queimação nos pés, perda do tato, fraqueza muscular e cardíaca. As mulheres idosas e as pessoas de qualquer idade que consomem regularmente bebidas alcoólicas e chá preto, verde ou banchá precisam de mais tiamina que o normal

vitamina b2 Rachaduras nos cantos da boca, estomatite e outros problemas na mucosa da boca e na língua; coceira e ardência nos olhos, sensibilidade excessiva à luz; pele seca, descamação cutânea, dermatite seborréica, alterações da epiderme escrotal e vulvar; anemia, problemas de crescimento, magreza, distúrbios adrenais e nervosos; depressão, letargia, hipocondria, histeria

vitamina b3 Fadiga, irritabilidade, confusão mental, insônia, dor de cabeça; problemas freqüentes de estômago e intestino; boca e lábios inflamados, língua inchada, vermelha; a carência profunda se chama pelagra e apresenta os mais variados problemas de pele, lesões gastrointestinais e desordens mentais graves

ácido pantotênico Fadiga, baixa produção de anticorpos, cãibras musculares, função adrenal diminuída, anormalidades de pele, cabelo e pigmentação; alergia; colite ulcerativa; pessoas com artrite costumam apresentar baixos índices de pantotenato

vitamina b6 Dermatite, anemia, gengivite, feridas na boca e na língua, náusea, nervosismo, depressão, convulsões de tipo epilético, sensibilidade a insulina; doenças hepáticas; elevação da taxa de colesterol no sangue; problemas no desenvolvimento, decadência de qualquer estrutura corporal (dentes, cérebro, músculos), deficiência imunológica; quanto mais proteína na dieta, maior a necessidade de vitamina B6

vitamina b12 Fraqueza, língua inflamada, dormência e formigamento das extremidades, palidez, tonteiras, irritabilidade, depressão, diarréia, anemia, problemas neurológicos

biotina Queda de cabelo, náuseas, vômitos, perda do apetite, insônia, letargia, problemas cardíacos, redução da resposta imunológica, depressão, dermatite seca, feridas que não fecham, aumento do colesterol sérico e dos pigmentos biliares, pouca resistência ao stress

folacina Unhas e cabelos em mau estado, insônia, memória falha, irritabilidade crônica, anemia, fraqueza, palidez, língua inflamada, insensibilidade ou agulhadas nas mãos e nos pés, indigestão, diarréia, depressão; em deficiência grave podem ser afetadas todas as funções nervosas e cerebrais. Um diagnóstico de senilidade pode estar ignorando uma forte carência de folato

vitamina c Feridas que custam a sarar, ossos quebrados que não colam, hemorragia, gengivas inflamadas, edema generalizado, dentes moles, pele emaciada, juntas inchadas; seguem-se anemia, perda de peso, irritabilidade, dores nas juntas, nas extremidades e nos músculos, ressecamento das glândulas lacrimais, depressão, histeria, hipocondria, desordens emocionais e neurológicas. Nas crianças, desenvolvimento retardado

vitamina d Sintomas do raquitismo: irritabilidade e inquietação no bebê, crânio mole, a moleira que não fecha e o nascimento tardio de dentes malformados que caem logo

vitamina e As deficiências específicas são raras, a não ser diante de consumo excessivo de gorduras polinsaturadas (que vão demandar mais vitamina E como antioxidante), utilização de óleo mineral como laxante ou de oxigênio por vias artificiais (que vai aumentar a taxa de oxidação)

vitamina k Ela ativa a proteína que coagula o sangue; a deficiência predispõe a hemorragias

cálcio Nervosismo, espasmos musculares e nervosos, convulsões, intoxicação por chumbo, pressão alta e insônia; raquitismo

fósforo A deficiência é rara. Em excesso: fezes moles

magnésio Fraqueza e espasmos musculares, distúrbios renais e do crescimento

sódio O excesso, devido ao abuso de sal, preocupa mais que a carência, raríssima, que provoca dor de cabeça, cãibras, fraqueza e colapso dos vasos sanguíneos, mas só aparece em casos de desidratação grave e doenças renais. A presença de muito sódio no sangue é perigosa para pessoas com alta pressão sanguínea ou hipertensão arterial; produz retenção de líquido, reumatismo, aumento do ácido úrico e baixa de potássio

potássio Excitação nervosa, fraqueza muscular, náusea, ansiedade, tontura, falta de apetite, alterações cardíacas e comportamento irracional, e é mais comum em quadros prolongados de vômito e diarréia, ou por abuso de laxativos e diuréticos para controle da pressão alta. Em casos extremos a musculatura cardíaca pode ser afetada, causando irregularidade nos batimentos e morte

ferro Cansaço, falta de fôlego, dor de cabeça, insônia, perda de apetite, fraqueza muscular, desinteresse sexual, depressão, anemia. Nas crianças os sintomas só aparecem quando a anemia está avançada; os primeiros sinais podem ser perturbaçoes emocionais ou psicológicas, hiperatividade, falta de atenção, dificuldade para aprender, apatia, irritabilidade

zinco Redução da saliva, do paladar e do apetite, feridas que demoram a sarar, atrofia das gônadas (testículos e ovários), queda de cabelo, unhas deformadas, lesões de pele, atrofia do timo e crescimento prejudicado

iodo Fome descontrolada, aumento de peso sem razão aparente, ansiedade, taquicardia, suores, proeminência dos olhos

água A carência produz acúmulo de toxinas, prisão-de-ventre, mau funcionamento geral, problemas respiratórios e exaustão calórica com perda de consciência

...mas e depois dos 60?

cálcio A partir da meia-idade, a tendência do organismo é absorver menos cálcio; e o problema com os suplementos é que eles podem impedir a absorção de ferro. Daí que é bom ficar de olho na tabela dos alimentos que contêm cálcio, aumentar também o consumo dos que têm vitamina D — e fazer exercício, principalmente caminhada e jogging, pois a manutenção do tônus muscular é fundamental para a vitalidade óssea. Há experiências mostrando que um copo de suco de maçã após as refeições ajuda os idosos a absorverem melhor o cálcio

vitamina d A capacidade da pele para sintetizar vitamina D também diminui com a idade; além de obtê-la por via alimentar, podemos contar com os suplementos, que parecem contribuir ainda para a melhora do tônus muscular

vitamina c Ela pode ser decisiva para evitar a formação de cataratas, que são um acúmulo de proteína danificada na lente ocular. Além disso, a ação antioxidante da vitamina C, bem como do betacaroteno e da vitamina E, protege os olhos dos efeitos nocivos dos raios ultravioleta do sol. Há ainda pesquisas em curso sobre a relação entre vitamina C e os níveis de colesterol HDL, o "bom" colesterol

b6, b12 e ácido fólico As secreções gástricas diminuem com a idade, e junto com elas o "fator intrínseco de Castle" que possibilita a absorção de B12 e do ácido fólico. A deficiência dessas vitaminas, agravada pela carência de B6, pode causar desordens mentais e neurológicas, formigamento nas pernas, perda de memória, ou seja: um comportamento decadente que na maior parte das vezes não corresponde à verdade. As últimas pesquisas nessa área procuram verificar a taxa de homocisteína (um aminoácido) no sangue: se estiver muito alta, é provável que haja carência de B12, B6 e ácido fólico. Este é um dos casos em que a suplementação pode ser necessária, como já sabiam os médicos de antigamente com suas injeções de B12 nas nossas avós

vitamina b2 e zinco A carência de zinco vai se mostrar logo como falta de apetite, diminuição do paladar e feridas que custam a fechar; a carência de B2 resulta em má assimilação dos alimentos, insegurança, apatia. Ambos os nutrientes podem ser mais fáceis de obter via suplementos, ao menos no início

vitamina e Ela já é conhecida há muito tempo como rejuvenescedora, e mais uma vez faz honra à fama: seu poder antioxidante e sua ação benéfica sobre o sistema imunológico são um escudo protetor a partir da meia-idade

vitamina a Aqui temos um problema: com a idade, o organismo demora mais para eliminar a vitamina A do sangue, onde o acúmulo pode ser tóxico. Por outro lado, o betacaroteno (que o fígado converte em vitamina A) é muito necessário aos idosos como nutriente e antioxidante. Os cientistas ainda não resolveram esta equação. O mais seguro é continuar comendo vegetais amarelos e não tomar suplementos

o rato roeu os queijos

E ficou todo entupido, todo complicado, porque era alérgico e não sabia. O leite e seus deliciosos derivados podem ser problemáticos para muitas pessoas, tanto no aspecto digestivo (gases, prisão de ventre, diarréia, mau hálito) quanto no aspecto imunológico (espirros, resfriados, nariz entupido ou escorrendo, catarro nos brônquios e pulmões, sinusite, asma, espinhas, furúnculos, doenças de pele). Isso porque o leite de vaca é um negócio de mãe para filho, que carrega em código a continuidade da espécie e portanto se destina a produzir um quadrúpede de 500 quilos que tem chifre, pêlo e rabo. Ao entrar no organismo humano essa mensagem é recebida e processada; nosso sistema de defesa vai reagir como um general que bota o exército de prontidão e ataca — ou não. Se atacar, a pessoa mostra alguns dos sintomas mencionados. Se não atacar, ótimo: os invasores são amigáveis e podem ser tolerados.

Na Suíça, onde o consumo de produtos lácteos é tradicional, quase ninguém tem alergia ou intolerância ao leite. Já na África, que não tem a menor tradição nesse consumo, a esmagadora maioria da população faz sintomas de rejeição. Africanos que se mudam para os Estados Unidos e entram naquela cultura branca-de-neve são o grupo étnico mais sujeito ao câncer de pâncreas, órgão que adoece quando não consegue produzir enzimas adequadas para processar o leite. As evidências de que leite não é o melhor alimento são tantas que os pediatras norte-americanos já questionam em rede de televisão o costume de dá-lo às crianças, apontando-o como o principal causador de uma série de doenças infantis que poderiam ser evitadas. E entre esses pediatras está o famoso Dr. Benjamin Spock, autor dos livros sobre cuidados infantis mais vendidos do mundo.

o cálcio nos queijos

peso	*queijo*	*mg*
30 g	QUEIJO PARMESÃO	355
30 g	QUEIJO GRUYERES	305
30 g	QUEIJO SUÍÇO	285
30 g	QUEIJO PRATO	250
30 g	QUEIJO FUNDIDO	230
30 g	QUEIJO EDAM	220
30 g	QUEIJO CHEDDAR	215

peso	*queijo*	*mg*
30 g	QUEIJO TILSIT DE LEITE INTEGRAL	210
30 g	QUEIJO GOUDA	210
30 g	QUEIJO MINAS FRESCO	210
30 g	QUEIJO ROQUEFORT	200
30 g	QUEIJO PORT-SALUT	195
30 g	MUSSARELA SEMIDESNATADA	195
30 g	QUEIJO GORGONZOLA	155
30 g	MUSSARELA DE LEITE INTEGRAL	155
30 g	QUEIJO LIMBURGUER	150
30 g	QUEIJO LIEDERKRANZ	120
30 g	QUEIJO CAMEMBERT	120
30 g	RICOTA SEMIDESNATADA	80
30 g	RICOTA DE LEITE INTEGRAL	60
30 g	QUEIJO BRIE	55
30 g	CHEESEBURGUER	50
30 g	REQUEIJÃO CREMOSO	25
30 g	QUEIJO COTTAGE	20

a proteína nos queijos

peso	*queijo*	*g*
30 g	QUEIJO PARMESÃO	11.0
30 g	QUEIJO GRUYÈRES	9.0
30 g	QUEIJO SUÍÇO	8.5
30 g	QUEIJO PRATO	8.5
30 g	QUEIJO PROVOLONE	7.5
30 g	QUEIJO EDAM	7.5
30 g	QUEIJO GOUDA	7.5
30 g	QUEIJO CHEDDAR	7.5
30 g	QUEIJO FUNDIDO	7.5
30 g	QUEIJO GORGONZOLA	7.5
30 g	QUEIJO TILSIT DE LEITE INTEGRAL	7.5
30 g	MUSSARELA SEMIDESNATADA	7.5
30 g	QUEIJO PORT-SALUT	7.0
30 g	QUEIJO ROQUEFORT	6.5
30 g	QUEIJO BRIE	6.0
30 g	QUEIJO LIMBURGUER	6.0
30 g	QUEIJO CAMEMBERT	6.0
30 g	MUSSARELA DE LEITE INTEGRAL	6.0
30 g	QUEIJO MINAS FRESCO	5.5
30 g	QUEIJO LIEDERKRANZ	5.5

peso	queijo	g
30 g	QUEIJO MINAS/PADRÃO INDUSTRIAL	5.5
30 g	CHEESEBURGUER	4.0
30 g	QUEIJO COTTAGE	4.0
30 g	RICOTA SEMIDESNATADA	3.5
30 g	RICOTA DE LEITE INTEGRAL	3.5
30 g	REQUEIJÃO CREMOSO	2.5

a vitamina b12 nos queijos

peso	queijo	mcg
30 g	QUEIJO TILSIT DE LEITE INTEGRAL	.60
30 g	QUEIJO SUÍÇO	.50
30 g	QUEIJO BRIE	.50
30 g	QUEIJO GRUYÈRES	.50
30 g	QUEIJO EDAM	.50
30 g	QUEIJO GOUDA	.50
30 g	QUEIJO PORT-SALUT	.45
30 g	QUEIJO PROVOLONE	.45
30 g	QUEIJO CAMEMBERT	.40
30 g	QUEIJO FUNDIDO	.40
30 g	QUEIJO PARMESÃO	.35
30 g	QUEIJO LIMBURGUER	.30
30 g	QUEIJO GORGONZOLA	.25
30 g	QUEIJO LIEDERKRANZ	.25
30 g	QUEIJO CHEDDAR	.25
30 g	MUSSARELA SEMIDESNATADA	.25
30 g	CHEESEBURGUER	.25
30 g	MUSSARELA DE LEITE INTEGRAL	.20
30 g	QUEIJO ROQUEFORT	.20
30 g	QUEIJO COTTAGE	.20
30 g	REQUEIJÃO CREMOSO	.15
30 g	RICOTA DE LEITE INTEGRAL	.10
30 g	RICOTA SEMIDESNATADA	.10

o colesterol nos queijos

peso	queijo	mg
30 g	QUEIJO PORT-SALUT	35
30 g	QUEIJO GOUDA	35
30 g	QUEIJO GRUYERES	35
30 g	REQUEIJÃO CREMOSO	35

►

peso	*queijo*	*mg*
30 g	QUEIJO CHEDDAR	30
30 g	QUEIJO TILSIT DE LEITE INTEGRAL	30
30 g	QUEIJO BRIE	30
30 g	QUEIJO SUÍÇO	25
30 g	QUEIJO ROQUEFORT	25
30 g	QUEIJO LIMBURGUER	25
30 g	QUEIJO EDAM	25
30 g	QUEIJO GORGONZOLA	25
30 g	QUEIJO FUNDIDO	25
30 g	MUSSARELA DE LEITE INTEGRAL	25
30 g	QUEIJO LIEDERKRANZ	20
30 g	QUEIJO CAMEMBERT	20
30 g	QUEIJO PROVOLONE	20
30 g	QUEIJO PARMESÃO	20
30 g	MUSSARELA SEMIDESNATADA	15
30 g	RICOTA DE LEITE INTEGRAL	15
30 g	CHEESEBURGUER	15
30 g	RICOTA SEMIDESNATADA	10
30 g	QUEIJO COTTAGE	5

a gordura nos queijos

peso	*queijo*	*g*
30 g	REQUEIJÃO CREMOSO	10.5
30 g	QUEIJO CHEDDAR	10.0
30 g	QUEIJO GRUYÈRES	9.5
30 g	QUEIJO GORGONZOLA	9.5
30 g	QUEIJO ROQUEFORT	9.0
30 g	QUEIJO PRATO	9.0
30 g	QUEIJO PORT-SALUT	8.5
30 g	QUEIJO LIEDERKRANZ	8.5
30 g	QUEIJO EDAM	8.5
30 g	QUEIJO BRIE	8.5
30 g	QUEIJO SUÍÇO	8.0
30 g	QUEIJO GOUDA	8.0
30 g	QUEIJO LIMBURGUER	8.0
30 g	QUEIJO PROVOLONE	8.0
30 g	QUEIJO TILSIT DE LEITE INTEGRAL	8.0
30 g	QUEIJO PARMESÃO	8.0
30 g	QUEIJO FUNDIDO	7.5
30 g	QUEIJO MINAS/PADRÃO INDUSTRIAL	7.5

peso	queijo	g
30 g	QUEIJO CAMEMBERT	7.5
30 g	MUSSARELA DE LEITE INTEGRAL	6.5
30 g	QUEIJO MINAS FRESCO	5.5
30 g	MUSSARELA SEMIDESNATADA	5.0
30 g	RICOTA DE LEITE INTEGRAL	4.0
30 g	CHEESEBURGUER	3.5
30 g	RICOTA SEMIDESNATADA	2.5
30 g	QUEIJO COTTAGE	1.5

as calorias nos queijos

peso	queijo	cal
30 g	QUEIJO GRUYÈRES	125
30 g	QUEIJO CHEDDAR	120
30 g	QUEIJO PRATO	120
30 g	QUEIJO PARMESÃO	115
30 g	QUEIJO GORGONZOLA	115
30 g	QUEIJO SUÍÇO	110
30 g	QUEIJO ROQUEFORT	110
30 g	QUEIJO EDAM	105
30 g	QUEIJO GOUDA	105
30 g	QUEIJO PORT-SALUT	105
30 g	QUEIJO PROVOLONE	105
30 g	REQUEIJÃO CREMOSO	105
30 g	QUEIJO TILSIT DE LEITE INTEGRAL	100
30 g	QUEIJO BRIE	100
30 g	QUEIJO FUNDIDO	100
30 g	QUEIJO LIMBURGUER	100
30 g	QUEIJO LIEDERKRANZ	90
30 g	QUEIJO CAMEMBERT	90
30 g	QUEIJO MINAS/PADRÃO INDUSTRIAL	90
30 g	MUSSARELA DE LEITE INTEGRAL	85
30 g	CHEESEBURGUER	80
30 g	MUSSARELA SEMIDESNATADA	75
30 g	QUEIJO MINAS FRESCO	75
30 g	RICOTA DE LEITE INTEGRAL	50
30 g	RICOTA SEMIDESNATADA	40
30 g	QUEIJO COTTAGE	30

algo mais? algas

As algas são plantas simples que crescem nas terras submersas das águas salgadas e doces. Existem quatro grandes famílias de algas, caracterizadas pela pigmentação: verdes, marrons, vermelhas e verde-azuis, sendo que estas não são plantas de raiz mas organismos primitivos semelhantes às bactérias. Ao natural, isto é, molhadas, as algas são 80 a 90% água. Quando secam a proporção se inverte: 10 a 20% de água e 80 a 90% de carboidratos, proteínas, vitaminas, minerais, ácidos nucleicos, pigmentos (clorofila e carotenóides) e mucilagem característica. Têm apenas 1 a 2% de gorduras e são ricas em ferro, iodo e cálcio, mas ainda não se sabe realmente se esse cálcio pode ser bem absorvido. Vitaminas: há quantidades expressivas de B1, B2, niacina, C e betacaroteno (as porphyras/asakusa-nori são mananciais de betacaroteno, que pré-forma a vitamina A). O conteúdo proteico das algas se assemelha ao das plantas terrestres e sua composição é próxima da ovoalbumina, proteína da clara de ovo. A maioria das algas é comestível.

ferro, cálcio e iodo nas algas:

peso	*alga seca*	*ferro*	*cálcio*	*iodo*
10 g	KOMBU *Laminaria sp.* ★	1.0	80	20/45 mg
10 g	ÁGAR *Gelidium sp.* ★	2.0	40	15
10 g	ARAME *Eisenia bicyclis* ★	1.0	120	10/55
10 g	HIJIKI *Hizikia fusiforme* ★	3.0	140	4
10 g	WAKAME *Undaria pinnatifida* ★	1.5	130	2/4
10 g	AMANORI *Porphyra tenera*	1.0	30	.5
10 g	SPIRULINA ★	3.0	40	

ágar-ágar Ágar é o principal componente da mucilagem de certas algas, formado por agarose e agaropectina em proporção 7:3. O ágar não se dissolve em água fria, mas absorve a água e incha; aquecido a 80 graus C derrete e forma um líquido viscoso, que ao esfriar vira gelatina. É feito de uma mistura de algas, geralmente 48% de gelidium amansii, 25% de gracilaria verrucosa e o restante de outras escolhas, e utilizado no preparo de geléias, gelatinas, carnes enlatadas e cosméticos. Seu valor nutricional é dos mais altos entre as algas, sendo expressivo em folacina, ácido pantotênico, cálcio, ferro, magnésio, potássio, zinco e fibra. Pode ser consumido em suplementos ou receitas culinárias.

spirulina Microalga muito nutritiva que vem sendo cultivada especialmente para a comercialização em forma de suplemento. 10 gramas de spirulina (peso seco) fornecem mais de 10% do RDA para B1, B2, B3 e cobre e 20% para ferro.

kelp Nome genérico que abrange as algas kombu, arame, hijiki e wakame.

alginato de sódio Substância encontrada nas algas kelp, ágar-ágar e clorella; tem a propriedade de atrair e envolver metais pesados e agentes radiativos no intestino grosso, eliminando-os pelas fezes e evitando assim que prejudiquem o organismo.

experimente o caldo de kombu O caldo da alga kombu tem alto valor nutritivo, regula a flora intestinal, é desintoxicante e bom contra hipertensão arterial. Mas para obter o melhor sabor não se deve ferver a alga, já que o calor faz com que os polissacarídeos se desmanchem e liberem substâncias desagradáveis ao paladar. Basta deixar a alga de molho em água limpa, fria, durante 2 ou 3 horas, para obter um extrato contendo quantidades importantes de manitol, iodo, cálcio, magnésio e ácido sulfúrico. A alga é então retirada e usada em refogados rápidos, ou simplesmente cortada e temperada com shoyu, ou serve para enrolar bolinhos, ou volta para a própria sopa, etc. O caldo, complementado com macarrão e vegetais previamente cozidos, deve ser aquecido somente até o ponto anterior à fervura. Misso (massa salgada de soja, gostosa e nutritiva) é o tempero tradicional desse caldo.

B U F F E T

das comidas em si

quanto tempo duram os alimentos?

	geladeira	freezer
Ovos frescos	3 semanas	não congele
Ovos cozidos	1 semana	não congele
Comida em geral	3-4 dias	2-3 meses
Carne moída	1-2 dias	3-4 meses
Carne em pedaços	3-5 dias	4 a 12 meses
Sobras de carne cozida	3-4 dias	2-3 meses
Sopas com carne	1-2 dias	2-3 meses
Frango fresco	1-2 dias	9 a 12 meses
Sobras de frango cozido	3-4 dias	4 a 6 meses
Peixe fresco	1-2 dias	2 a 6 meses
Queijos	3 semanas	não congele

mofo Nos queijos, pode-se retirar o pedaço mofado e comer o resto; nos pães, a presença superficial de mofo indica que a massa toda está contaminada.

peixe Sinais de que ele está fresco: os olhos são vivos e um tantinho salientes, a carne é firme, a pele brilhante. Se você apertar com o dedo e ficar a marca fundinha, nada feito. Na dúvida, passe em água fria e cheire: se estiver ruim vai ter um cheiro forte de maresia ou de amônia, jogue fora. PEIXE CRU Ele pode ter vermes, mas são característicos da espécie e dificilmente afetam o ser humano.

carne Existe carne verde e carne madura. Verde é a de boi recém-abatido, que os bons garfos acham ruim, dura. É costume deixar maturar a carne, ou resfriá-la, para que comece a se decompor e fique macia. O cheiro natural da carne é fresco, um pouco doce. Quando fica muito forte, meio enjoativo, e a carne está mais marrom que vermelha, é porque está muito madura. Quem dá a cor vermelha à carne é o ferro, e quando ele oxida, escurece. Toda carne contém gordura entre as fibras, e a carne mais gorda fica marmorizada pela gordura; procure obter os cortes mais magros, retire inteiramente a gordura visível antes de levar ao fogo, tente grelhar ou fazer na chapa em vez de fritar. A carne de vitela, que é um boi de um aninho só, costuma ser mais nutritiva e sadia que a carne de boi. HAMBURGUER Carne moída e temperada, às vezes misturada com farinha ou farelo de soja; não leva conservantes e é altamente perecível, como toda carne moída, já que a maioria de suas moléculas está em contato com o ar... e mesmo assim, é considerado aceitável pelas autoridades sanitárias que um hamburguer cru hospede até 1 milhão de micróbios por grama, incluindo 100 Stafilococus aureus. Mas vamos em frente. CARNES

CONSERVADAS A carne, como se sabe, é fraca; apodrece logo, a menos que seja posta em conserva — ao sol, ao sal, no frio, na fumaça, com aditivos químicos. A maioria das carnes conservadas passa por uma cura em salmoura — mistura de sal, nitrato de potássio (salitre) e nitrito de sódio — durante 5 dias; descansa de 7 a 14 dias; é defumada durante 2 ou 3 dias e posta no ar quente para secar, ou então recebe um produto chamado concentrado de fumaça para acelerar o processo; leva ainda conservantes e antioxidantes. O que são essas carnes? BACON Camada que reveste a barriga do porco, curada e defumada. COPA Lombo de porco defumado e seco. COPA EM SALMOURA Lombo de porco curado em salmoura e defumado. FIAMBRE, PRESUNTADA Aproveitamento dos pedaços aparentemente sadios das carnes bovinas e suínas impróprias para consumo, em geral pela presença de tumores; a carne é prensada e cozida. LINGÜIÇA Mistura de restos de carne moídos ou picados com sebo e gordura e temperados, depois colocados dentro de tripas. Em vez de sal, a lingüiça recebe um produto que contém 90% de cloreto de sódio, 4% de nitrato de sódio e 6% de nitrito de sódio; ele impede parcialmente a proliferação de bactérias e a alteração da cor. Toda lingüiça precisa ser conservada em geladeira, e nunca deve ser comida crua — é a gordura muito quente que esteriliza a coisa. MORCELA/CHOURIÇO Maçaroca obtida do cozimento de sangue, couro, língua, papada e focinho do boi. MORTADELA Pode ser bovina ou misturada com carne suína e pedaços de toucinho; é defumada e cozida em estufa. PRESUNTO Perna traseira do porco, curada em salmoura; o produto final pode ser cru ou cozido. PRESUNTO TENDER Perna do porco curada em salmoura, defumada e congelada. SALAME Carne de boi e de porco misturada com toicinho, passa por um processo de fermentação láctica e defumação. SALSICHA Carne de boi e/ou porco, mais gordura e sangue, cozida e defumada.

gelatina A maior parte das gelatinas comerciais é fabricada com o tecido que fica logo abaixo do couro do boi; tem um pouquinho de proteína.

frango Se estiver vivo deve ser um animal forte, bonito, de penas lustrosas, crista vermelha, olhos atentos, pés limpos e lisos. Se estiver morto, procure notar se a carne parece firme, rosada. Carne escura e opaca, manchas verdes em volta do pescoço, na parte baixa do ventre, no ânus e no ponto onde a ave foi degolada são sinais de decomposição. É muito importante retirar toda a pele e toda a gordura ao preparar o frango, porque assim você também evita as toxinas que se depositam nelas.

ovos São frescos quando não há rachaduras na casca; se forem sacudidos, não devem fazer barulho nem dar a impressão de que o conteúdo se desloca; deveriam estar naturalmente limpos. É desaconselhado lavá-los porque a umidade favorece a penetração de microrganismos pelos poros. Podem ser conservados em água de cal ou na geladeira, sendo que estes duram pouco fora do gelo. Não é aconselhado consumir mais de 3 ovos por semana.

leite Normalmente ele é pasteurizado ou esterilizado para o consumo popular, o que elimina todos os microrganismos. Mas o leite está entre os alimentos que se conservam melhor quando fermentados: a fermentação láctea faz proliferarem certos microrganismos, não prejudiciais à saúde, que produzem substâncias tão ácidas que nenhum germe de decomposição se atreve a passar por perto. Daí surgem diversos produtos, cuja digestão também é mais fácil que a do leite. COALHADA CASEIRA Leite acidificado naturalmente por certos germes, como Sreptococcus lactis e Streptococcus cremoris; abundante em ácido lático, que beneficia a flora intestinal; o inconveniente é a presença habitual de germes de putrefação, coliformes e outros germes patogênicos. IOGURTE Leite acidificado por bactérias de proliferação controlada, como Streptococcus thermophilus, Lactobacillus yogurtii ou bulgaricus e, mais raramente, Lactobacillus acidophilus (Microbacterium lacticum). KEFIR Leite de alto valor nutritivo que chega a ter 3% de teor alcoólico, produzido pela fermentação de bactérias e leveduras como a Candida pseudotropicalis; popular na Europa e nos EUA. LEITE ACIDÓFILO Leite acidificado pelos Lactobacillus acidophilus (codinomes: Microbacterium lacticum, Bacillus acidophilus, Thermobacterium intestinalis e Bacterium acidophilum), que faz parte da flora intestinal humana e consegue decompor sacarose, amido e maltose; a fabricação caseira não é recomendável, porque esse leite se contamina facilmente. QUEIJO Massa que se obtém coagulando o leite com renina (enzima do estômago de mamíferos jovens) ou ácido lático. A diferença entre um queijo e outro é determinada pelo tipo de processo usado na coagulação e pelo tempo que o queijo leva para se formar. Os queijos podem ser frescos, fermentados ou processados. São uma forma muito antiga de aproveitar o superavit de leite. Até o século passado quase todos os queijos eram mais fortes e rústicos, como o parmesão, o suíço, o camembert, o cavalo. A industrialização promoveu a suavidade entre os queijos. SORO DO LEITE Líquido que surge quando se coagula o leite; não contém proteína, e raramente gordura, mas conserva lactose, vitaminas hidrossolúveis e sais minerais, portanto tem valor nutritivo apesar de ser 92% água, e é especialmente bom para os intestinos.

das dietas: quem é

vegan: não come nada que seja de ordem animal

ovovegetariano: come vegetais e ovos, mas não laticínios nem carne de animais

lactovegetariano: come vegetais e laticínios, mas não ovos nem carne de animais

ovolactovegetariano: come vegetais, ovos e laticínios, mas não carne de animais

semivegetariano: come vegetais, laticínios, ovos, de vez em quando peixe e galinha

crudívoro: vegetariano, come o máximo possível de alimentos crus

frugívoro: come principalmente frutas, castanhas e sementes

macrobiótico: come de tudo, com ênfase em cereais, vegetais cozidos, algas e derivados da soja; evita gordura, produtos animais, frutas e vegetais crus, comida refinada, produtos industrializados

naturalista: consumidor com trânsito livre entre todas as dietas, sua característica principal é a procura de produtos integrais, naturais, nutritivos e apetitosos; entre as carnes evita as vermelhas e costuma gostar muito de mel, pão integral, queijo e frutas, na linha indiana

natureba-também: almoça nos vegetarianos porque os pratos são mais levinhos, mais naturais e mais baratos

carnívoro: não se sente alimentado se não tiver algum tipo de carne no prato

onívoro: come de tudo

onívoro light: come de tudo mas pega leve nas comidas mais pesadas: carnes, gordura, comidas processadas e conservadas, doces

dos amigos-inimigos

Eles nos socorrem nas horas críticas: tiram a dor de cabeça, adoçam a boca, acalmam, soltam em nós o charme e a língua, liqüidam infecções graves, mas quase sempre têm efeitos colaterais perigosos. E nós usamos assim mesmo, por hábito ou necessidade, pagando o preço com um cheque em branco. Que fazer? Como viver sem eles? Ah, inocência perdida! Basta o leitor ficar um pouquinho estressado e pronto, já começa a perder vitaminas A, B1, B2, B3, ácido pantotênico e ácido fólico: um absurdo. Veja só o que você gasta, deixa de absorver ou elimina em excesso quando usa os amigos-inimigos:

açúcar Vitaminas B1, B2, B3, colina

álcool Vitaminas A, B1, B2, B3, ácido pantotênico, B6, B12, biotina, colina, ácido fólico, PABA, magnésio, zinco

antiácidos Vitamina B1

antibióticos Vitaminas B1, B2, B3, ácido pantotênico, biotina, inositol

anticoncepcionais orais Vitaminas B2, B6, B12, C, ácido fólico, zinco e magnésio. A pílula pode alterar a curva glicêmica da mulher, devido ao bloqueio que o ácido xanturênico exerce sobre a insulina

anticonvulsivos Vitaminas B6, B12, D, ácido fólico e cálcio

aspirina Vitaminas A, C e do complexo B, especialmente ácido pantotênico

barbituratos Vitaminas B1, B12 e C

cafeína Vitaminas A, B1, B2, B3, ácido pantotênico, B6, B12, biotina, colina, ácido fólico, inositol, PABA

cortisona E outros corticosteróides: vitaminas A, C e do complexo B, especialmente B6; cálcio, fósforo, potássio, zinco

diuréticos Vitamina B1, B2, B12, ácido fólico, cálcio, magnésio, potássio

hipocolesterolêmicos Vitaminas A, B12, D e K, ácido fólico, caroteno, ferro

hipotensores Vitamina B6

laxantes Vitaminas A, D, E, K, caroteno, cálcio e fosfato

penicilina Vitamina B6, zinco e cobre

sulfonamidas Vitaminas B, K, ácido fólico, ferro

tabaco Vitaminas A, B1, B2, B6, B12 e 25 mg de vitamina C a cada cigarro

tanino Vitaminas B, especialmente a B1

das intoxicações químicas

O velho Hipócrates ficaria tonto diante de um paciente moderno: simplesmente não conseguiria entender certos sintomas. Os médicos atuais estão tentando. Já sabem que aditivos químicos e metais tóxicos provenientes da poluição de ar, água, solo e comida se acumulam no organismo e causam deficiências e degeneração das células. Veja aqui o que conspira para intoxicar você.

alumínio SINTOMAS Colite, constipação, dor de cabeça, irritabilidade, perda de apetite, queda de cabelo, fadiga, problemas de pele, disfunção da tireóide, hiperatividade, irritabilidade, mal de Alzheimer FONTES Latas de conserva, potes, panelas, utensílios de cozinha, embalagens de quentinhas, papel aluminizado, água encanada, antiácidos, aditivos para plantas, desodorantes antiperspirantes, tubos de pasta de dentes, aspirinas, caixas que acondicionam sucos de frutas e leites longa-vida; encontrado ainda em alimentos refinados, alguns queijos, fermento em pó e farinha branca ANTÍDOTOS Fibra, vitamina C, cálcio, magnésio, zinco, lecitina

cádmio SINTOMAS Pressão baixa, proteína ou açúcar na urina, dor de cabeça, perda de olfato, toxemia gravídica, desordens imunológicas, queda de cabelo, pele seca, anemia, problemas de fígado e rins FONTES Café, fumaça de tabaco, pilhas, solda, gasolina, plásticos, comida enlatada, aço ANTÍDOTOS Enxofre (repolho, couve, couve-flor, brócolis, couve-de-bruxelas contêm enxofre); cálcio, cobre, ferro, fibra, pectina, manganês, selênio, vitaminas C e D, zinco

chumbo SINTOMAS Fraqueza, fadiga, anemia, dor de cabeça, náusea, vômitos, cólicas, cãibras, desordens nervosas, lesões cerebrais, câncer FONTES Tintas, tintura para cabelos, gasolina, inseticidas, encanamento, cerâmica, tubos de pasta de dentes, comida enlatada, solda, fumaça de tabaco, têxteis ANTÍDOTOS Eleuthero (ginseng siberiano), lecitina, ferro, pectina, fósforo, cisteína, clorofila, alimentos ricos em enxofre, selênio, alginato de sódio, zinco, vitaminas A, B (especialmente BI e B2), C, D e E

cloro SINTOMAS Carências vitamínicas FONTE PRINCIPAL Água clorada ANTÍDOTOS Vitaminas C e E

cromo hexavalente SINTOMAS Desordens gastrointestinais, câncer FONTES Água e ar poluídos, fumaça de tabaco ANTÍDOTO Vitamina C

cobre SINTOMAS Irritações gastrointestinais, asma, cãibras, psoríase, confusão mental, deficiências minerais especialmente de ferro, magnésio, manganês, molibdênio e zinco FONTES Encanamento de água quente, sulfato de cobre, algicidas usados na água de piscina ANTÍDOTOS Manganês, molibdênio, zinco, vitamina C com bioflavonóides

dióxido de nitrogênio e ozônio SINTOMAS Desordens respiratórias, enfisema e câncer FONTES Ar poluído ANTÍDOTOS Vitaminas A, B, C e E, pólen de abelhas, eleuthero, panax ginseng

drogas sintéticas e químicas SINTOMAS Disfunções metabólicas e hepáticas, desordens mentais e sexuais, problemas renais, carências minerais e vitamínicas, defeitos congênitos, câncer FONTES Antibióticos, analgésicos, barbitúricos, cocaína, heroína ANTÍDOTOS Vitaminas A, B, C com bioflavonóides, E; complexos minerais; eleuthero (ginseng siberiano), pólen de abelhas, alimentos fermentados, lecitina

flúor SINTOMAS Endurecimento anormal de ossos e dentes, fístulas, carências vitamínicas, distúrbios na tireóide, varizes, hemorróidas, flebites, catarata, úlceras nas pernas, desordens mentais e imunológicas, lesões cerebrais, envelhecimento precoce, tumores, câncer FONTES Água encanada (fluoretada ou não), refrescos, flúor dental, pastas de dente com flúor, anti-sépticos bucais, fertilizantes ANTÍDOTOS Cálcio, magnésio, vitaminas C e E

fumaça de tabaco SINTOMAS Problemas no sistema respiratório, desordens imunológicas, câncer FONTES Cigarro, charuto, cachimbo e semelhantes ANTÍDOTOS Vitaminas A, C e E, zinco e selênio

mercúrio SINTOMAS Fraqueza, fadiga, insônia, dor de cabeça, alergia, artrite, defeitos congênitos, catarata, depressão, epilepsia, febre, problemas renais, perda de memória, paralisia, nervosismo, perda de visão, derrames FONTES Obturações dentárias, peixes de água contaminada, pesticidas, fungicidas, tintas, plásticos, filmes, solo contaminado ANTÍDOTOS Alimentos ricos em enxofre, fibra, cálcio, lecitina, pectina, alginato de sódio, selênio, cisteína, levedo dietético, vitaminas A, B, C e E

monóxido de carbono SINTOMAS Desordens respiratórias, dor de cabeça, perda de memória, enfisema, asma, bronquite, anemia, angina FONTES Escapamento de automóveis, fumaça de cigarro, poluição do ar ANTÍDOTOS Eleuthero (o ginseng siberiano), vitaminas A, B, C e E, cisteína, pólen de abelhas, levedo dietético

nitratos e nitritos SINTOMAS Pressão alta, problemas cardíacos, câncer de estômago, bexiga e fígado FONTES Água encanada, fertilizantes, carnes conservadas ANTÍDOTOS Vitaminas A, B, C e E, levedo dietético, pólen de abelhas, lecitina

das intoxicações bacterianas

Deu no jornal: Cachorro fez mal à moça!, e era um cachorro-quente comprado numa barraquinha de feira que obrigou a moça a baixar no hospital. Muitas comidas podem estar contaminadas, até as de casa quando ficam na estufa à espera do freguês. Previna-se contra elas!

aflatoxina Toxina produzida pelo fungo Aspergillus flavus. Dá em nozes, castanhas, cereais, soja e farinhas armazenados em lugar quente e úmido; afeta principalmente farelo de amendoim, torta de algodão, farinha de soja e de milho, amendoins crus ou torrados, com ou sem casca, estendendo-se a paçoca, pé-de-moleque e manteiga de amendoim. O cozimento e a torrefação não matam o fungo, só a autoclavagem intensa durante 4 horas; o amendoim com casca está livre de suspeitas. SINTOMAS Grandes quantidades ou consumo contínuo durante algumas semanas podem dar febre baixa, icterícia, ascite, edema das pernas, infiltração gordurosa e cirrose hepática. Provoca câncer e outras doenças no fígado de animais testados.

botulismo Bactéria Clostridium botulinum: desenvolve-se principalmente em enlatados, frios, carnes embutidas (salsicha, lingüiça, salsichão & cia) e peixes defumados ou salgados. SINTOMAS Neurológicos, incluem visão dupla, dificuldade de falar e engolir, paralisia progressiva do sistema respiratório. Surgem de 4 a 36 horas depois do consumo.

campilobacteriose Bactéria Campylobacter jejuni: vem em carnes cruas e leite não-pasteurizado. SINTOMAS Diarréia, cólicas abdominais, febre, às vezes sangue nas fezes. Surgem de 2 a 5 dias após o consumo e duram de 7 a 10 dias.

enterite estafilocócica Bactéria Staphylococcus aureus: multiplica-se quando a comida pronta fica muito tempo à temperatura ambiente, principalmente carnes, frango, ovos, atum, batata, macarrão, guloseimas com creme. SINTOMAS Diarréia, náusea, vômito, dores e cólicas abdominais, prostração. Surgem de 30 minutos a 8 horas depois do consumo e duram de um a dois dias.

listeriose Bactéria Listeria monocytogenes: encontrada em queijo fresco, leite não-pasteurizado, frutos do mar em conserva, camarão, caranguejo e surimi cozidos e/ou congelados. SINTOMAS Febre, dor de cabeça, náusea, vômitos. Afeta principalmente grávidas, recém-nascidos, idosos, cancerosos e imunodeficientes. Surgem de 2 a 30 dias após o consumo.

perfringens Bactéria Clostridium perfringens. Está presente nas carnes cozidas e, menos, na maioria das comidas; multiplica-se até níveis tóxicos quando fica na estufa, em temperatura inferior a 60°C. SINTOMAS Dor abdominal e diarréia, às vezes náusea e vômitos. Surgem de 8 a 12 horas após comer e duram no máximo um dia.

salmonelose Bactéria Salmonella: vem em ovos crus, maionese, carnes cruas (principalmente de frango), leite e laticínios, camarão, rã, fermento, coco, massas, chocolate. SINTOMAS Náusea, cólicas abdominais, diarréia, febre e dor de cabeça. Surgem de 6 a 48 horas depois de comer. Crianças, idosos e doentes podem ser mais afetados.

shigelose ou disenteria bacilar: bactéria Shigella. Geralmente vem em frangos, leite e laticínios manipulados sem higiene e mal cozidos. SINTOMAS Cólicas abdominais, diarréia, febre, às vezes vômito, sangue, muco e pus nas fezes. Surgem de 1 a 7 dias após comer.

víbrio-infecção Bactéria Vibrio vulnificus: ela vive nas águas costeiras e infecta através de feridas abertas ou consumo de frutos do mar contaminados. SINTOMAS Calafrios, febre e/ou prostração. Surgem abruptamente.

dos aditivos químicos

Aqui está a grande diferença entre os produtos naturais e os industrializados: estes, além de nunca serem frescos, se caracterizam pela presença de aditivos — alguns inofensivos, outros suspeitos, vários malditos. São eles que impedem o apodrecimento das carnes, o ressecamento e o mofo dos pães de fôrma, o ranço da margarina, o mau cheiro dos laticínios: juntam-se num caldeirão mágico para dar cor, consistência, aroma, sabor, leveza, umidade, secura e, principalmente!, longevidade a coisas que de outro modo ninguém poderia comer. Com eles, qualquer bobagem pode se tornar um sucesso. Basta dizer que você mistura água com gás carbônico, corante, aromatizante, acidulante, cafeína, açúcar — e pronto, inventou a coca-cola!

Existem mais de 70.000 agentes químicos em uso na produção comercial do ocidente, dos quais 65.000 total ou potencialmente perigosos à saúde; 6.000 novas fórmulas são testadas a cada semana, e ninguém vai parar com isso — porque isso é o progresso em marcha, ora bolas. Do ponto de vista da indústria a humanidade está num patamar de riqueza. Dispomos de uns 700 aditivos para a água, 3.000 aditivos para a comida, 10.000 para processamento industrial e conservação de alimentos! Isso nos livra (livra?) da fome, que sempre foi um dos maiores medos da humanidade. A radiação atômica também contribui para delícias & delírios da civilização. Vem junto com aparelhos de rádio e tv, telas de computador, fornos de microondas, radiografias, painéis fosforescentes de automóveis e rádios e relógios, redes de alta tensão, jazidas de urânio, frigideiras antiaderentes, cigarros e mil surpresinhas mais. Até laranjas e bananas podem ser irradiadas para jamais apodrecerem, o que também nos livra (livra?) da fome, que etc etc.

aditivos inofensivos

por serem usados em pequena quantidade ou porque são inócuos mesmo

LACTATO DE SÓDIO	condicionador que dá leveza às massas
MONOSTEARATO DE SORBITANA	emulsificante, estabilizante
ÁCIDO ASCÓRBICO	vitamina C, antioxidante, nutriente, estabilizante
ÁCIDO CÍTRICO, CITRATO DE SÓDIO	ácido, flavorizante, quelante
ÁCIDO FUMÁRICO	acidificante
ÁCIDO LÁTICO	regulador da acidez
ÁCIDO SÓRBICO	evita mofo
ALFATOCOFEROL	vitamina E, nutriente, antioxidante
ALGINATO	espessante, estabilizante
AMIDO MODIFICADO	espessante
BENZOATO DE SÓDIO	preservativo
BETACAROTENO	nutriente, corante, antioxidante
CARBOXIMETILCELULOSE SÓDICA	espessante, estabilizante, evita a cristalização do açúcar e do mel
CASEÍNA, CASEINATO DE SÓDIO	espessante, clarificante

DIGLICERÍDEOS	emulsificantes
EDTA	quelante
GELATINA	espessante, gelificante
GLICERINA OU GLICEROL	umectante
GLUCONATO FERROSO	corante escuro, nutriente
GOMAS EM GERAL	espessantes, estabilizantes
LACTOSE	adoçante
LECITINA	emulsificante, antioxidante
MANITOL	adoçante
MONOGLICERÍDEOS	emulsificantes
POLISSORBATO 60, 65 E 80	emulsificantes
PROPIONATO DE CÁLCIO OU SÓDIO	preservativo
PROTEÍNA VEGETAL HIDROLIZADA	flavorizante
SORBATO DE POTÁSSIO	evita mofo
SORBITOL	adoçante, espessante, umectante
VANILINA OU ETILVAMILINA	substitutos sintéticos da baunilha

aditivos suspeitos

porque insuficientemente testados ou porque o excesso causa problemas

AÇÚCAR	sacarose, adoçante
AÇÚCAR INVERTIDO	edulcorante
AMARELO 5	corante artificial
ASPARTAME	adoçante artificial
CARRAGINA	espessante e estabilizante
DEXTROSE	glicose, adoçante
FOSFATO, ÁCIDO FOSFÓRICO	acidulante, quelante, emulsificante, estabilizante da cor
GLUTAMATO MONOSSÓDICO (MSG)	realça o sabor
GORDURA VEGETAL HIDROGENADA	fonte de óleo ou gordura, vegetal ou mista
HEPTILPARABENO	conservante
SABOR ARTIFICIAL	centenas de flavorizantes
SAL	cloreto de sódio, flavorizante
VERMELHO 40	corante artificial
XAROPE DE MILHO	adoçante, espessante

aditivos malditos

porque o uso é comprovadamente nocivo à saúde humana

BROMATO DE POTÁSSIO	favorece o crescimento do pão
BUTIL-HIDROXIANISOL/BHA	antioxidante, umectante
BUTIL-HIDROXITOLUENO/BHT	antioxidante, umectante

ÓLEO VEGETAL BROMADO/BVO	emulsificante, estabilizante
GALATO DE PROPILA/DUODECILA/OCTILA	estabilizantes, antioxidantes
AZUL 1, 2, VERDE 3, AMARELO 6	corantes
VERMELHO CÍTRICO 2, VERMELHO 3	corantes
BISSULFITO DE SÓDIO	preservativo da cor
CICLAMATO DE SÓDIO	adoçante sintético
DIÓXIDO DE ENXOFRE	conservante
NITRITO E NITRATO DE SÓDIO	conservantes, corantes, flavorizantes
QUININO	flavorizante
SACARINA	adoçante sintético

para que servem

ACIDULANTES Acrescentam ou acentuam o sabor ácido em refrigerantes, sorvetes, laticínios, maioneses, geléias, gelatinas

ANTIOXIDANTES Evitam que o contato do produto com o oxigênio do ambiente altere o sabor e a cor dos alimentos e torne rançosos os óleos e as gorduras

ANTIUMECTANTES Evitam que a umidade altere produtos como leite em pó, temperos secos, sal refinado

CONSERVANTES Evitam e controlam a presença de microrganismos nas carnes e no pão

CORANTES Naturais ou sintéticos, colorem ou acentuam a cor original de doces, refrigerantes, carnes embutidas

EDULCORANTES Adoçantes artificiais que substituem o açúcar em bolos, doces, sorvetes, geléias, refrigerantes, chocolates

EMULSIFICANTES Mantêm juntos o óleo e a água

ESPESSANTES Carboidratos naturais ou quimicamente modificados que absorvem água e dão liga ao produto. Usados em sorvetes, bolos, pudins, geléias

ESTABILIZANTES Mantêm as características físicas das emulsões e suspensões; usados em sorvetes, bebidas, bolos, doces, margarinas e maioneses

FLAVORIZANTES E AROMATIZANTES Dão, respectivamente, sabor e aroma

QUELANTES Envolvem e neutralizam partículas metálicas que desbotariam ou rancificariam a comida; dentro do organismo, substâncias quelantes agem neutralizando agentes poluentes e radiativos que representam perigo para a integridade das células. alguns, nesse processo, podem impedir a assimilação de nutrientes essenciais

UMECTANTES Mantêm a umidade necessária a produtos como bombons, cremes, coco ralado

de processos e substâncias

absorção Durante o processo digestivo os alimentos liberam as substâncias nutritivas e elas são absorvidas pela mucosa epitelial do intestino delgado, geralmente no jejuno; B12, parte da água, sais de bile e certos eletrólitos são absorvidos no íleo, e a água restante é absorvida no cólon. Na mucosa os carboidratos se transformam em monossacarídeos (frutose, glicose e galactose), que são logo atraídos para a corrente sanguínea e levados pela veia porta até o fígado. Da gordura, os ácidos graxos de cadeias curtas e os gliceróis também vão para o fígado pela veia porta; os triglicerídeos, fosfolipídeos, o colesterol e as proteínas formam quilomícrons, entram nos vasos linfáticos e se incorporam ao sangue na altura do pescoço. As proteínas, que viraram peptonas e depois peptídeos, são decompostas em aminoácidos na mucosa intestinal, e eles também trafegam pela veia porta até o fígado. Lá todo mundo se encontra com os derivados dos ácidos nucleicos. Uma pessoa com uma dieta equilibrada, completa, absorve mais ou menos 62 gramas de nutrientes por dia (sem contar líquidos e gordura). O resto é sobra, adubo...

digestão Processo sem o qual a comida seria inútil para nós. Para nos mantermos vivos precisamos de três alimentos: ar, água e comida, nessa ordem. O ar e a água são absorvidos com facilidade. A comida precisa passar por um processo de completa destruição que envolve muitas etapas para reduzir-se aos ínfimos elementos que são realmente aproveitados. A primeira etapa é na boca, onde os alimentos são saboreados, triturados, insalivados; a saliva contém amilase, uma enzima que ataca os carboidratos, e a parte de trás da língua produz lipase, que lida com as gorduras. O alimento engolido desce pelo esôfago até o estômago, onde começa a receber os sucos gástricos; estes, com seus ácidos, inibem a amilase e ativam a pepsina, que vai transformando proteínas em peptonas; e tudo isso é regulado em grande parte pelos hormônios gastrina, colecistoquinina e secretina. O resultado do processo é uma pasta mole e ácida chamada quimo. O quimo desce para o duodeno, que é o ínicio do intestino delgado; aí recebe a bile produzida pelo fígado (e armazenada/liberada pela vesícula biliar), que alcaliniza completamente a situação; entram em ação os sucos pancreáticos, incluindo novamente a amilase que acaba de degradar os carboidratos, a tripsina convertendo peptonas em peptídeos e a lipase pegando a gordura que a bile arrumou em forma de gotinhas e transformando em ácidos graxos, gliceróis e monoglicerídeos. Finalmente chegam os sucos intestinais com suas peptidases, que quebram os peptídeos em aminoácidos, e outras enzimas que fazem o resto do serviço com os carboidratos. Ficam disponíveis, assim, boiando num mar de resíduos, fibras e água, os nutrientes que já podem passar para a parte interna do corpo: açúcares, aminoácidos para a formação de proteínas, gordura, vitaminas, sais minerais e elementos-traço. Nesse processo são utilizados diariamente 8 litros de sucos digestivos, incluindo 50 gramas de enzimas.

acidez A acidez indica uma condição química da matéria. Uma substância é ácida quando libera íons de hidrogênio. Seu grau de acidez é definido pelo potencial de hidrogênio (pH), cuja escala varia de 0 (muito ácido) a 14 (muito alcalino). No meio, em 7, fica o pH da água pura, que é neutro. Os fluidos corporais têm um pH ligeiramente alcalino, perto de 7.4, graças à ação dos tampões, substâncias que controlam as variações de acidez e alcalinidade no sangue e nos tecidos. Sais de ácidos fracos e bases fracas são tampões, assim como aminoácidos e minerais como sódio e potássio; formam uma reserva alcalina que neutraliza os ácidos produzidos no processo metabólico, e precisam ser repostos através da dieta.

ácidos Certos ácidos, como vinagre e ácido acético, ajudam a conservar os alimentos porque o pH baixo impede a proliferação de microrganismos. O ácido cítrico do limão evita a oxidação de maçãs, cogumelos, abacate, bananas, batatas e outros alimentos descascados ou cortados. Os ácidos favorecem a coagulação das proteínas, inclusive do leite, o que permite obter coalhada, iogurte e queijo. Leite azedo quer dizer que a lactose do leite se transformou em ácido lático. Acidular significa tornar ligeiramente ácido o sabor de qualquer alimento através da adição de gotas de limão, vinagre ou do sumo de outra fruta ainda verde. O creme de leite azedo é obtido pela mistura do creme fresco com gotinhas de limão. Há ácidos fortes, como o ácido sulfúrico, e ácidos fracos, como o ácido cítrico nas frutas, ácido fosfórico em queijos, carnes e peixe, ácido tartárico nos vinhos. O ácido oxálico se porta mal: gruda no cálcio, impedindo sua absorção, e forma os insolúveis oxalatos de cálcio que constroem pedras nos rins. Abundante no chocolate e nas folhas de espinafre, acelga, ruibarbo e beterraba, sobretudo quando cozidas; e quanto mais tempo passa após o cozimento, mais ácido oxálico há nas folhas. Ou seja, pastel com recheio de espinafre não é tão saudável assim. Outros: ácido ascórbico (vitamina C), ácidos graxos, aminoácidos.

fermentação É o processo pelo qual alguns componentes da comida são transformados ou metabolizados sem precisar de oxigênio. Os fermentos, fungos ou leveduras se formam naturalmente nos alimentos, principalmente em temperatura mais elevada. A fermentação do açúcar o transforma em álcool e dióxido de carbono, a fermentação do leite produz coalhada e queijo, a da farinha permite fazer pão, a das uvas e da cevada acaba em vinho e cerveja. Os fermentos, que existem em grande variedade, também podem ser adicionados aos ingredientes para acelerar a fermentação.

metabolismo É a sucessão de trocas químicas que mantêm a vida. Essas trocas podem ser anabólicas, construindo tecidos, ou catabólicas, destruindo.

enzimas Proteínas catalisadoras, responsáveis pela maioria das reações químicas que ocorrem em plantas e animais. As enzimas são inúmeras e têm ação fundamental sobre a comida: a pepsina decompondo proteínas em aminoácidos, a lipase decompondo gorduras, o ácido clorídrico digerindo proteínas no estômago, a renina coagulando o leite e liberando para uso os minerais disponíveis, a lactase digerindo lactose, a amilase digerindo o amido, e assim por diante, uma enzima para cada tipo de alimento. O calor e as substân cias que coagulam proteínas as destroem. Algumas enzimas são auxiliadas por coenzimas, a maioria produzida pelas vitaminas do complexo B. Frutas e vegetais crus são grandes fontes de enzimas; o hábito europeu de começar a refeição com uma salada crua serve à digestão porque cria um ambiente enzimático favorável no estômago. A papaína, enzima encontrada no mamão, e a bromelina, encontrada no abacaxi, justificam a fama digestiva que essas frutas têm.

etc

recomendação diária/rda RDA é a sigla de Recommended Daily Allowances, compensação diária recomendada para repor os nutrientes que gastamos vivendo. Em português ficou sendo RDA mesmo, por usucapião. E é um índice muito discutido, que está sempre sendo revisto através de vários métodos e testes científicos. Neste livro foi usado o RDA dos Estados Unidos, mais alto que os do Canadá, da Europa e da Organização Mundial de Saúde. Se bem que talvez fosse melhor fazer o contrário: usar o mais baixo, pensando naquela superioridade do homem tropical de que fala Antonio Silva Mello em seus livros sobre medicina e nutrição. Aliás, no capítulo do cálcio há uma bom exemplo de divergência quanto aos critérios que fixam o RDA. A verdade é que os números servem mais como referência, não podem ser tomados como pura verdade, mesmo porque o conteúdo real de vitamina A numa cenoura depende muito do solo em que ela foi plantada, do adubo que se usou e assim por diante. Claro que a feitura das tabelas leva isto em conta e chega ao valor médio, mas em cima dessa média ainda se pode calcular uns 20% de margem para mais ou menos. Ou seja, nada é perfeito.

sinergismo É muito comum o nutriente que precisa de outro para funcionar — por exemplo, as vitaminas do complexo B se entrelaçam nas funções, o cálcio deve estar presente em proporções harmoniosas com fósforo e magnésio para ser bem absorvido, a vitamina C auxilia na assimilação do ferro. Portanto, o que vai garantir a boa nutrição é a variedade da comida, e os suplementos isolados só devem ser tomados com finalidades terapêuticas.

desenhando a comida e o futuro O National Cancer Institute está investindo 20 milhões de dólares num projeto de pesquisa para identificar componentes nutricionais de grãos, vegetais e frutas que comprovadamente protegem do câncer. Essas substâncias são chamadas fitoquímicas, e incluem betacaroteno, terpenóides, flavonóides, coumarinas, ácidos fenóicos e liminóicos — tudo o que há em abundância em vegetais como alho, raiz de alcaçuz, soja, frutas cítricas, salsa, cenoura, aipo. A novidade é que, uma vez sintetizadas, poderão ser acrescentadas aos alimentos pela indústria — exatamente como já vem sendo feito com vitaminas e minerais, adicionados para enriquecer alimentos refinados.

a doença em cifras Você imagina quanto é 1 bilhão de dólares? Pois bem, em 1987 as doenças do povo norte-americano custaram:

osteoporose 7 a 10 bilhões

derrame cerebral 11 bilhões

diabete 14 bilhões

doenças dentárias 21 bilhões

doenças das coronárias. cardíacas 49 bilhões

câncer 72 bilhões. Destes, 22 bilhões foram gastos em tratamento, 9 são prejuízo por perda de produtividade durante o tratamento e 41. representam o custo da perda de produtividade por morte prematura.

INDICES

índice geral

índice de sintomas

convenções +, -, +/+, -/- e +/- se referem à qualidade dos alimentos em relação ao seu valor calórico; ao mesmo tempo, os classificados com +/+ e + são ricos em carboidratos complexos, enquanto os - e -/- são ricos em açúcar e/ou gordura. As letras e abreviações em negrito se referem a micronutrientes e fibras presentes no alimento em quantidade superior a 10% da recomendação diária. Os nomes das vitaminas já são letrinhas, exceto folacina, que é **fol**, e biotina, **bio**. Formas abreviadas dos sais minerais: **sod** sódio, **pot** potássio, **cal** cálcio, **fos** fósforo, **mag** magnésio, **fer** ferro, **sel** selênio, **zin** zinco, **cob** cobre, **iod** iodo, **enx** enxofre. Fibra é **fib**. Carboidratos, gordura e proteína não são mencionados por serem macronutrientes. E a presença de uma ★ quer dizer que o alimento tem substâncias que nos protegem dos efeitos nocivos da poluição química e da radiação atômica.

índice de alimentos

THANKSGIVING SALE
25% OFF
Crayola
CRAYON
Crayola
CRAYON
Think Big!

sobre o livro

Tudo começou num dia em que o Pedro, aos quase 14 anos, me perguntou quantas colheres de açúcar há numa garrafa de coca-cola. Eu não sabia, e ele emendou: Você precisa fazer um livro assim, com números, para ter argumentos!

Em matéria de números eu tinha um banco de dados pobrinho, feito a partir de uma publicação do IBGE de 1985 com dados anteriores a 75. Comecei a procurar mais coisas. Tabelas, oligoelementos, radicais livres, substâncias tóxicas, imunidade, câncer, envelhecimento, tudo isso foi aparecendo no caminho. Encomendei nos EUA uma série de publicações elaborada pelos institutos governamentais de nutrição e saúde (que lá pertencem ao USDA, ministério da agricultura, por lógica irretocável) e vi que no país do hamburguer e da batata-frita o pessoal está recebendo um bombardeio de mensagens sobre comer melhor (se você quiser peça os folhetos, endereço na Bibliografia). Vi também que os cientistas em nutrição & saúde absorveram muito da filosofia alimentar naturalista, em forma e conteúdo.

Mas ninguém precisa ser naturalista para comer bem, já dizia o Boca Feliz em 89, e é o que este livro demonstra com seus números. Quem olhar as tabelas com um mínimo de atenção verá que a proteína concentrada em produtos animais, feijões e sementes é suficiente em pequena quantidade, enquanto cereais, vegetais e frutas são necessários em abundância para se obter nutrientes que os alimentos proteicos não têm. Verdade que alguns dados podem estar errados, inexatos, ausentes, o que é uma realidade angustiante neste tipo de trabalho (o próprio USDA publicou, por exemplo, que o abacate tem 9% de fibras, enquanto o resto do mundo publica entre 1,6 e 2%). Outro problema é que o teor de minerais de um alimento varia muitíssimo de acordo com a composição do solo, tipo de adubo usado e outras coisinhas mais. Mesmo assim, não podemos deixar de reconhecer nas tabelas uma lógica familiar, e não é difícil entender para onde ela aponta.

Não querendo contar só com meus critérios, convidei Luciana Ayer, nutricionista carioca de 23 anos, para dividir o abacaxi de comparar dados, eliminar divergências e construir as tabelas. Lá pelas tantas, trabalho de compilação quase pronto, Luciana me convenceu de que todos os alimentos deveriam ter a medida caseira além do peso, e não somente alguns, como estava; e lá fomos nós atrás das medidas caseiras. Viva a paciência! Muito trabalho, muitas dúvidas, muita risada e alguns ataques de mau humor depois, meus, é claro, as tabelas foram ficando gostosas. Como um mar tranqüilo depois da tempestade.

E chegou o momento de fechar os textos e compor o livro. Apesar da facilidade oferecida pelos programas de editoração eletrônica, optei mais uma vez, quem sabe a última, pela fotocomposição do Alfalógica, onde entrego meu disquete todo *parametrado ao Santos — Rosildo Praxedes dos Santos, sempre atento aos meus erros de comando — e recebo um rolo de papel fotográfico com tudo escrito em letrinhas maravilhosas. Só de tabelas foram 190 kbytes. Ficou bom? Ficou ruim? Errei? A letra é fina demais? Tem legibilidade? Toca a cortar, tirar cópias e construir com elas uma boneca, um protótipo do livro.*

Aí já vamos encontrar outra pessoa participando das escutas e escolhas: a Fátima, Maria de Fátima Barbosa, revisora e comadre literária desde meu terceiro livro, parteira desses filhos. Quantos hífens na nossa amizade. Vírgulas roubadas de parte a parte, acentos desnecessários, tremas imprevistos, concordâncias suspeitas, um olhar que o leitor jamais percebe se o trabalho é bem feito. Fora o capítulo de dúvidas, inseguranças e desabafos. E que sufoco revisar os índices, hem, Fátima? E se não fosse o Roberto Farah, quem faria com você?

Por essa altura, aquele mesmo Pedro lá do começo, de Moraes Rego e Freitas Santos, agora aos quase 17 anos, chegou de Nova York com fotografias maravilhosas. De fotógrafo estreante, olho mágico pronto a capturar em preto e branco um clima, um gesto, uma inigualável banalidade, vitrine, carro, gente, fachada, espelho, letreiro, luxo, lixo. O ambiente que eu queria para o livro era exatamente assim, urbano e universal, dizendo para o leitor: Olha, é com você mesmo a coisa, a sua vida passa por aqui o tempo todo e você precisa saber qual é o mínimo necessário para agüentar a barra... Surpresos e deliciados, Pedro e eu fizemos uma seleção de imagens. E com elas, ampliadas em xerox, e mais a boneca do livro, fui bater no estúdio do eternamente parceiro: César Lobo.

Enquanto isso... Tonico Fernandes, debruçado sobre a mesa de luz, estabelecia no papel as medidas e distâncias, construía a realidade do sonho e colava as milhares de emendinhas no texto. Aqui é preciso explicar uma coisa: autor que edita fica bulindo no livro o tempo todo, melhorando aqui, acrescentando ali, cortando acolá, e o arte-finalista é quem paga o pato. Basta dizer que tudo o que é 1/2 nas tabelas era .5, e Tonico trocou as medidas uma por uma, à mão, mais de 300, porque o pontinho do .5 era pouco visível e pareciam 5 xícaras em vez de 1/2... Fora o fato de que no segundo dia de trabalho o gato Taichi caiu três andares, quebrou a perninha e o Tonico deu a maior força, mas isto já é outra história.

César Lobo amou as fotos, fez os cortes, promoveu o subtítulo do livro a título e começou a pensar na pirâmide, na capa, nas aberturas, já layoutando uma idéia atrás da outra em velocidade vertiginosa, e decidiu não desenhar nada: seria tudo gráfico, letras, letras! Até nas fotografias escolhidas quase sempre há letras. E eu, que fui atrás do César ilustrador, recebi o César diretor de arte. Delicioso. Vê-lo pensando e criando já vale fazer o livro, que ganhou assim sua cara definitiva. Para executar a arte César chamou Patrícia Willaume, uma designer muito jovem, que por sua vez chamou seus programas maravilhosos e começou a nos apresentar opções. Quando vimos a Pirâmide vimos também o acerto da escolha.

Depois, leitor, já é a revolução industrial em marcha: fotolitos no Degradée, chapas, impressão e acabamento na Prensa, e onde não tinha nada aparece esta coisa.

Este resultado, soma de muitas mãos. Já não se mexe em nada, o livro ganha vida e segue seu destino. Sua história se fará agora através de cada leitor. E eu, enfim, vou poder consultá-lo à vontade, liberta da escravidão de fazê-lo e já pensando em outro, querendo outro, desejando tudo de novo, incuravelmente.

Agradecimentos a todos os que trabalharam, aos que me emprestaram ou conseguiram livros de consulta, e àqueles cujo carinho me ajudou a chegar até aqui: Gilberto Salomão, Mariza Solano, Sylvia e Sérgio Zwi, Sonia Tolipan, Lygia Barros, Luís Paulo Simas, Barbara Joels, Renate Tirler, Norma Basto, Fernando Ribeiro Valle, Cindy Lessa, Bill Drayton e o pessoal da Ashoka em Washington, Maria Neo, Elwyn, Leôncio, todo mundo de Secretário e mais Claudia, Beth, Bia, Giselda, Ângela, Maria Elisa, Maria Antonia, Afonso...

Sonia Hirsch, 5 de abril de 1993, Rio de Janeiro

P.S. As fotos das luzes de Nova York e das páginas 184 e 197 são de César Lobo.

P.P.S. Para quem está contra o projeto de reforma ortográfica e faz questão dos acentos na capa, contracapa, lombada e títulos em geral, aqui vão eles:

´ ´ ´ ´ ´ ´

bibliografia

Biomarkers, William Evans e Irwin H. Rosenberg com Jacqueline Thompson, Simon & Schuster, USA 1991

Boletim Informativo da Sociedade Brasileira de Ciência e Tecnologia de Alimentos, Brasil 1982

Cancer and its Nutritional Therapies, Richard A. Passwater, Keats Publishing, USA 1983

Controle Sanitário dos Alimentos, Guenther Riedel, Edições Loyola, Brasil 1987

Designing Foods, National Research Council, National Academy Press, USA 1988

Dicionário de Nutrição e Tecnologia de Alimentos, Arnold E. Bender, Livraria Roca Ltda, Brasil 1982

Diet & Nutrition, Rudolph Ballentine, Himalayan Institute, USA 1982

Diet and Health, National Research Council, National Academy Press, USA 1991

East West Natural Health Magazine, P.O.Box 1200, Brookline, MA 02147, USA 1986-1993

Eat Away Illness, Carlson Wade, Park Publishing, USA 1986

FDA Consumer, publicação mensal do U.S. Food and Drug Administration, 1992-1993

Fighting Radiation with Foods, Herbs and Vitamins, Steven R. Schechter e Tom Monte, East West Health Books, 17 Station St, Brookline, MA 02146, USA 1988

Food Finder, Elizabeth S. Hands, ESHA Research, USA 1990

Foundations of Food Preparation, Gladys C. Peckham e Jeanne H. Freeland-Graves, Macmillan, USA 1979

Guia das Vitaminas, Earl Mindell, Editora Abril, Brasil 1986

Isotopes in Everyday Life, International Atomic Energy Agency, Austria 1990

Larousse Gastronomique, Hamlyn Publishing, England 1989

Macrobiotic Home Remedies, Michio Kushi, Japan Publications, USA 1986

Mayo Clinic Nutrition Letter, Rochester, Minnesota 55905, USA 1988-1989

Nomenclatura dos Alimentos Consumidos no Brasil — vegetais e animais, ENDEF, IBGE, Brasil 1980

Nutrition Action Healthletter, Center for Science in the Public Interest, Suite 300, 1875 Connecticut Ave, NW, Washington DC 20009-5728, USA 1988-1993

Radiation & Human Health, John W. Gofman, Sierra Club Books, USA 1981

Recommended Dietary Allowances — 10th edition, National Research Council, National Academy Press, USA 1989

Safe Food, Michael F. Jacobson e outros, CSPI Living Planet Press, USA 1991

Tabelas de Composição de Alimentos, ENDEF, IBGE, Brasil 1985

The Dictionary of Nutritional Health, Adrienne Mayes, Thorsons, USA 1986

The Food Guide Pyramid, tabelas de composição de alimentos e outras publicações do Human Nutrition Information Service que você pode obter escrevendo para o USDA, 6505 Belcrest Road, Hyattsville, MD 20782, USA

The John Hopkins Medical Letter Health After 50, P.O.Box 420179, Palm Coast, Florida 32142, USA 1992

The People's Guide to Vitamins and Minerals, Dominick Bosco, Contemporary Books, USA 1989

The Surgeon General's Report on Nutrition and Health, US Department of Health and Human Services, Public Health Service, USA 1988

Transition to Vegetarianism, Rudolph Ballentine, Himalayan Institute, USA 1987

Vegetables from the Sea, Seibin e Teruko Arasaki, Japan Publications, Japan 1983

BARAMI